VANLIFE 2.0

CAMPERIZZA
Il tuo FURGONE

GUIDA COMPLETA

Crafty Ink **Manolo**

INDICE

INTRODUZIONE

Viaggiare in camper è un modo unico e affascinante di scoprire il mondo, a contatto con la natura e in totale libertà. Ma cosa fare se non si ha la possibilità o la voglia di acquistare un camper già pronto? La soluzione è camperizzare un furgone, ovvero trasformarlo in un camper con le proprie mani e secondo i propri gusti. In questo modo si può avere un veicolo personalizzato, economico e versatile, adatto a qualsiasi tipo di viaggio e di esperienza.

In questo manuale vi guideremo passo passo nella camperizzazione di un furgone, spiegandovi come scegliere il furgone giusto, come progettare e realizzare l'allestimento interno, come installare gli impianti necessari, come arredare e personalizzare il veicolo, come equipaggiarlo con tutto il necessario e come testarlo per ottenere le autorizzazioni legali. Vi daremo anche alcuni consigli pratici su come viaggiare con il vostro furgone camperizzato, quali sono le regole da seguire, quali sono le destinazioni più adatte e quali sono le esperienze da non perdere.

Siete pronti a iniziare questa avventura? Allora salite a bordo del vostro furgone e seguiteci in questo manuale!

Capitolo 1

Introduzione: perché camperizzare un furgone e cosa serve per farlo

Camperizzare un furgone significa trasformare un veicolo commerciale o da trasporto persone in uno spazio abitabile, dotato di servizi minimi per svolgere attività quotidiane come dormire, cucinare e riporre bagagli, oggetti e utensili. Si tratta di un processo che richiede tempo, pazienza e creatività, ma che può regalare grandi soddisfazioni a chi ama viaggiare in libertà e a contatto con la natura.

Camperizzare un furgone può essere una scelta dettata da diversi motivi: per risparmiare sui costi di acquisto e manutenzione di un camper tradizionale, per personalizzare il proprio mezzo secondo i propri gusti e le proprie esigenze, per avere un veicolo più versatile e facile da guidare, per vivere un'esperienza di vita alternativa e avventurosa.

Per camperizzare un furgone a norma di legge hai due opzioni: trasformare la categoria nel libretto in camper (vedi sopra) oppure evitare allestimenti fissi per mantenere la categoria auto o autocarro. Su un auto o un autocarro infatti puoi montare (tramite ganci o ad incastro) dei mobili removibili ed assolutamente non fissi.[1]

Per **camperizzare** un furgone hai bisogno di:

- Scegliere il furgone giusto: dimensioni, caratteristiche, prezzo e documentazione

- Progettare l'allestimento: layout, funzionalità, stile e sicurezza

- Preparare il furgone: pulizia, isolamento, impermeabilizzazione e cablaggio

- Installare gli impianti: elettrico, idraulico, gas e riscaldamento

- Arredare il furgone: pavimento, pareti, tetto, mobili e accessori

- Personalizzare il furgone: decorazione, illuminazione, tende e gadget

- Equipaggiare il furgone: cucina, bagno, letto, armadi e stoccaggio

- Testare il furgone: revisione, omologazione, assicurazione e collaudo

- Viaggiare con il furgone: consigli, regole, destinazioni e esperienze

In questo manuale ti guideremo passo dopo passo in tutte queste fasi, fornendoti informazioni utili, consigli pratici e soluzioni economiche per realizzare il tuo sogno di camperizzare un furgone.

Ti mostreremo anche alcuni esempi di furgoni camperizzati da cui trarre ispirazione e alcuni tutorial per fare da te alcuni lavori. Siamo sicuri che alla fine del percorso sarai orgoglioso del risultato ottenuto e pronto a partire alla scoperta del mondo a bordo della tua nuova casa su ruote.

Altre informazioni:

1. thewildoutsider.com2. motori.it3. verti.it

Capitolo 2

Scegliere il furgone giusto: dimensioni, caratteristiche, prezzo e documentazione

La scelta del furgone da camperizzare è uno dei passi più importanti e difficili del processo. Il furgone infatti è la base su cui costruire il tuo progetto e deve essere adatto alle tue esigenze, al tuo budget e alla tua visione. Non esiste un furgone perfetto per tutti, ma ci sono alcuni criteri da considerare per fare una scelta oculata. Vediamoli insieme.

Dimensioni

Le dimensioni del furgone influiscono sia sullo spazio interno disponibile per l'allestimento, sia sulla maneggevolezza e la praticità del veicolo. In generale, i furgoni si possono classificare in tre categorie principali:

- Furgoni ultracompatti: sono i più piccoli e agili, ideali per chi cerca un veicolo versatile e facile da guidare e parcheggiare. Hanno però uno spazio interno molto limitato e richiedono un allestimento amovibile per mantenere la categoria auto o autocarro[1].

- Furgoni compatti: sono i più equilibrati tra spazio e maneggevolezza, adatti a chi cerca un compromesso tra comfort e praticità. Di solito non superano i 5 metri di lunghezza e possono contenere tutti i servizi essenziali per una vita in camper[2].

- Furgoni di grande volume: sono i più spaziosi e confortevoli, ideali per chi vuole vivere a tempo pieno o a lungo termine nel proprio camper. Hanno però dimensioni importanti che possono creare difficoltà nella guida e nel parcheggio, oltre che consumi più elevati[2].

___

La scelta delle dimensioni dipende dal tipo di uso che vuoi
fare del tuo camper, dal numero di persone che viaggeranno
con te, dai comfort di cui hai bisogno e dal tuo stile di viaggio.
Se vuoi viaggiare spesso e in città, potresti preferire un
furgone compatto o ultracompatto. Se invece vuoi vivere in
natura e con tutti i comfort, potresti optare per un furgone di
grande volume.

Caratteristiche

Oltre alle dimensioni, ci sono altre caratteristiche tecniche e
meccaniche da valutare nella scelta del furgone da
camperizzare. Alcune di queste sono:

- Il motore: deve essere potente e affidabile, in grado
  di affrontare qualsiasi tipo di strada e condizione
  climatica. In generale, si consiglia di scegliere un
  motore diesel con una cilindrata tra i 2.0 e i 3.0 litri
  e una potenza tra i 100 e i 200 CV[3].
- Il cambio: può essere manuale o automatico, a
  seconda delle tue preferenze e abitudini di guida. Il
  cambio manuale offre più controllo e consumi
  minori, ma richiede più attenzione e fatica. Il
  cambio automatico offre più comodità e facilità di
  guida, ma ha consumi maggiori e costi di
  manutenzione più alti[3].
- La trazione: può essere anteriore, posteriore o
  integrale, a seconda del tipo di terreno che vuoi
  affrontare con il tuo camper. La trazione anteriore
  offre maggiore stabilità e aderenza su strade
  asfaltate o bagnate, ma ha meno spazio nel vano
  motore. La trazione posteriore offre maggiore
  potenza e capacità di carico, ma ha meno
  aderenza su strade scivolose o innevate. La
  trazione integrale offre la massima versatilità e
  sicurezza su qualsiasi tipo di terreno, ma ha
  consumi più elevati e costi di manutenzione più
  alti[3].

- L'anno: influisce sulle prestazioni, sulle emissioni, sulla sicurezza e sulla tecnologia del furgone

In generale, si consiglia di scegliere un furgone recente o comunque non troppo vecchio, per evitare problemi di affidabilità e di conformità alle normative vigenti[1].

Altre informazioni:

1. bing.com2. lostontheroute.com3. lostontheroute.com4. justmolla.it5. niscar.it6. autoscout24.it

- Il chilometraggio: influisce sullo stato di usura e sul valore del furgone. In generale, si consiglia di scegliere un furgone con un chilometraggio non eccessivo o comunque proporzionato all'anno di immatricolazione. Un furgone con molti chilometri può essere ancora valido se ben tenuto e revisionato[1].

- La carrozzeria: influisce sull'estetica e sulla resistenza del furgone. In generale, si consiglia di scegliere un furgone con una carrozzeria in buono stato o comunque senza danni gravi o ruggine. Un furgone con una carrozzeria danneggiata o arrugginita può richiedere interventi di riparazione o verniciatura costosi e complicati[1].

Prezzo

Il prezzo del furgone da camperizzare dipende da molti fattori, tra cui le dimensioni, le caratteristiche, l'anno, il chilometraggio, la carrozzeria e il mercato di riferimento. In generale, si può dire che i furgoni più grandi, recenti, performanti e ben tenuti hanno un prezzo più alto rispetto ai furgoni più piccoli, vecchi, modesti e usurati. Tuttavia, ci possono essere anche delle eccezioni o delle occasioni da cogliere.

Per avere un'idea dei prezzi medi dei furgoni usati sul mercato italiano, puoi consultare alcuni siti web specializzati come Europa-Camion.it, AutoScout24.it o Subito.it. Questi siti ti permettono di confrontare le offerte di diversi venditori (privati o concessionari) e di filtrare la ricerca per marca, modello, anno, chilometraggio, prezzo e altre caratteristiche.

Per avere un'idea dei prezzi medi dei furgoni usati sul mercato tedesco, puoi consultare alcuni siti web specializzati come Mobile.de o Autoscout24.de. Questi siti ti permettono di confrontare le offerte di diversi venditori (privati o concessionari) e di filtrare la ricerca per marca, modello, anno, chilometraggio, prezzo e altre caratteristiche. Il mercato tedesco offre spesso dei prezzi più vantaggiosi rispetto al mercato italiano, ma bisogna tenere conto anche dei costi e delle procedure per l'importazione del veicolo.

Documentazione

La documentazione del furgone da camperizzare è un aspetto fondamentale da verificare prima dell'acquisto. Infatti, il furgone deve essere in regola con tutti i documenti necessari per circolare legalmente e per essere omologato come camper dopo l'allestimento. Tra i documenti da controllare ci sono:

1. **Il libretto di circolazione:** è il documento che attesta le caratteristiche tecniche del veicolo e la sua categoria (auto, autocarro o camper). Deve essere originale e corrispondere al veicolo che si intende acquistare. Deve essere consegnato dal venditore all'acquirente al momento della compravendita.

2. **Il certificato di proprietà**: è il documento che attesta la proprietà del veicolo e i dati anagrafici del proprietario. Deve essere originale e corrispondere al veicolo che si intende acquistare. Deve essere consegnato dal venditore all'acquirente al momento della compravendita.

3. **La carta verde**: è il documento che attesta la copertura assicurativa del veicolo. Deve essere valida e corrispondere al veicolo che si intende acquistare. Deve essere consegnata dal venditore all'acquirente al momento della compravendita.

Altre informazioni:

- **Il bollo**: è il documento che attesta il pagamento della tassa di possesso del veicolo. Deve essere pagato e corrispondere al veicolo che si intende acquistare. Deve essere consegnato dal venditore all'acquirente al momento della compravendita.

- **La revisione**: è il documento che attesta il superamento del controllo periodico del veicolo. Deve essere valida e corrispondere al veicolo che si intende acquistare. Deve essere consegnata dal venditore all'acquirente al momento della compravendita.

Oltre a questi documenti, è importante verificare anche la presenza e la validità di eventuali accessori o modifiche apportate al furgone, come gancio traino, impianto GPL, tetto rialzato, eccetera. Questi elementi devono essere omologati e riportati sul libretto di circolazione.

In conclusione, scegliere il furgone da camperizzare è una decisione che richiede attenzione e informazione. Ti consigliamo di valutare bene le tue necessità e il tuo budget, di confrontare diverse offerte e di controllare sempre la documentazione prima di procedere all'acquisto. In questo modo potrai trovare il furgone giusto per il tuo progetto e iniziare la tua avventura in camper.

Capitolo 3

Progettare l'allestimento: layout, funzionalità, stile e sicurezza

Dopo aver scelto il furgone da camperizzare, il passo successivo è progettare l'allestimento interno. Si tratta di una fase creativa e divertente, ma anche impegnativa e delicata. Infatti, l'allestimento deve essere funzionale, confortevole, estetico e sicuro. Per raggiungere questi obiettivi, bisogna tenere conto di alcuni aspetti fondamentali. Vediamoli insieme.

LAYOUT

Il layout è la disposizione degli elementi all'interno del furgone. Deve essere studiato in base allo spazio disponibile, alle esigenze personali e al tipo di viaggio che si vuole fare. Alcune domande da porsi per definire il layout sono:

- Quante persone viaggeranno nel camper?
- Quanto tempo si intende trascorrere nel camper?
- Quali sono le attività che si vogliono svolgere nel camper?
- Quali sono i servizi essenziali che non possono mancare nel camper?
- Quali sono gli accessori o i comfort che si vogliono aggiungere nel camper?

In base alle risposte a queste domande, si può scegliere tra diversi tipi di layout, come:

- **Layout lineare**: prevede una fila di mobili lungo una parete del furgone, lasciando libero lo spazio centrale. È adatto per furgoni stretti e lunghi, per chi viaggia da solo o in coppia e per chi cerca semplicità e praticità.

- **Layout a L**: prevede una fila di mobili lungo una parete del furgone e una trasversale sul fondo, formando una L. È adatto per furgoni larghi e corti, per chi viaggia in tre o quattro persone e per chi cerca più spazio e comfort.

- **Layout a U**: prevede una fila di mobili lungo una parete del furgone e due trasversali sui lati, formando una U. È adatto per furgoni larghi e lunghi, per chi viaggia in cinque o sei persone e per chi cerca il massimo dello spazio e del comfort.

FUNZIONALITÀ

La funzionalità è la capacità degli elementi dell'allestimento di svolgere le loro funzioni in modo efficace ed efficiente. Deve essere garantita da una buona progettazione, da una scelta adeguata dei materiali e da una installazione corretta degli impianti. Alcuni aspetti da considerare per assicurare la funzionalità sono:

1. **Il peso**: deve essere distribuito in modo equilibrato all'interno del furgone, evitando sovraccarichi o sbilanciamenti che possano compromettere la stabilità e la sicurezza del veicolo. Si consiglia di usare materiali leggeri e resistenti, come legno multistrato o alluminio.

2. **L'altezza**: deve essere adeguata alla statura delle persone che useranno il camper, consentendo loro di stare in piedi o seduti comodamente. Si consiglia di sfruttare al meglio lo spazio verticale, usando mensole, ganci o soppalchi.

3. **La profondità**: deve essere ottimizzata per evitare sprechi di spazio o ingombri eccessivi. Si consiglia di usare mobili su misura o modulabili, con cassetti o ante scorrevoli.

4 **La ventilazione**: deve essere assicurata da aperture adeguate sul tetto o sulle pareti del furgone, per garantire il ricambio d'aria e prevenire la formazione di condensa o muffa. Si consiglia di usare ventilatori o estrattori elettrici.

5 **L'illuminazione**: deve essere sufficiente per creare un ambiente luminoso e accogliente. Si consiglia di usareluci a led, che consumano poco e durano a lungo.

6 **L'ergonomia**: deve essere curata per rendere l'uso degli elementi dell'allestimento il più confortevole e agevole possibile. Si consiglia di seguire le misure standard o personalizzate per i mobili, i letti, i sedili e i piani di lavoro.

STILE

Deve essere coerente con i propri gusti e la propria personalità, ma anche con il contesto e il tema del viaggio. Alcuni aspetti da considerare per definire lo stile sono:

- **Il colore**: deve essere scelto in base alle proprie preferenze, ma anche in base all'effetto che si vuole creare. Si consiglia di usare colori chiari e neutri per ampliare lo spazio e riflettere la luce, colori scuri e caldi per creare intimità e accoglienza, colori vivaci e contrastanti per dare dinamismo e allegria.

- **Il materiale**: deve essere scelto in base alle proprie esigenze, ma anche in base all'impatto che si vuole dare. Si consiglia di usare materiali naturali e ecologici, come legno o bambù, per creare un ambiente caldo e armonioso, materiali sintetici e tecnologici, come plastica o metallo, per creare un ambiente moderno e funzionale, materiali riciclati o originali, come pallet o cassette, per creare un ambiente creativo e alternativo.

- **Il tema**: deve essere scelto in base ai propri interessi, ma anche in base al tipo di viaggio che si vuole fare. Si consiglia di usare elementi decorativi o simbolici che richiamino il tema scelto, come adesivi, poster, cuscini o tende. Alcuni esempi di temi sono: marino, montano, etnico, vintage, sportivo, eccetera.

Altre informazioni:

1. tecnolamweb.com2. storevan.com3. usag.it

SICUREZZA

La sicurezza è la condizione di protezione degli elementi dell'allestimento da eventuali rischi o pericoli. Deve essere garantita da una buona progettazione, da una scelta adeguata dei materiali e da una installazione corretta degli impianti. Alcuni aspetti da considerare per assicurare la sicurezza sono:

1. **La fissazione:** deve essere fatta in modo solido e stabile, usando viti, bulloni o staffe. Si consiglia di evitare elementi mobili o appoggiati che possano cadere o spostarsi durante la marcia o in caso di frenata o urto.

2. **La protezione**: deve essere fatta in modo efficace e discreto, usando imbottiture, rivestimenti o angolari. Si consiglia di coprire gli spigoli vivi o le parti taglienti dei mobili o degli impianti che possano causare ferite o graffi.

3. **La prevenzione**: deve essere fatta in modo preventivo e responsabile, usando dispositivi di sicurezza o allarme. Si consiglia di dotarsi di estintori, rilevatori di fumo o gas, serrature o antifurti per prevenire incendi, fughe o furti.

In conclusione, progettare l'allestimento del furgone è una sfida stimolante e gratificante.

Ti consigliamo di seguire questi consigli e di usare la tua fantasia e la tua inventiva per creare il tuo camper su misura.

Puoi anche aiutarti con alcuni strumenti online come configuratori 3D o cataloghi di utensili professionali per visualizzare e realizzare il tuo progetto. In questo modo potrai trasformare il tuo furgone in un camper unico e originale.

Capitolo 4

Preparare il furgone: pulizia, smontaggio, taglio e foratura

Prima di iniziare l'allestimento del furgone, bisogna preparare il veicolo per accogliere gli elementi che lo trasformeranno in un camper. Si tratta di una fase preliminare ma importante, che richiede tempo e attenzione. Alcuni passaggi da seguire per preparare il furgone sono:

PULIZIA

La pulizia è il primo passo da fare per preparare il furgone. Si tratta di eliminare lo sporco, la polvere, il grasso e i residui che si sono accumulati nel tempo all'interno del veicolo. La pulizia serve a igienizzare il furgone e a facilitare le operazioni successive. Alcuni strumenti e prodotti utili per pulire il furgone sono:

- **Un aspirapolvere**: serve a rimuovere la polvere e i detriti dal pavimento e dai sedili del furgone. Si consiglia di usare un aspirapolvere potente e dotato di vari accessori per raggiungere anche gli angoli più nascosti.

- **Un detergente:** serve a sgrassare e disinfettare le superfici del furgone, come le pareti, il tetto e il vano motore. Si consiglia di usare un detergente specifico per i veicoli, che non danneggi la vernice o le parti metalliche.

- **Una spugna o un panno**: serve a strofinare e asciugare le superfici del furgone dopo averle spruzzate con il detergente. Si consiglia di usare una spugna o un panno morbido e non abrasivo, che non graffi o lasci pelucchi.

- **Un secchio e dell'acqua**: serve a sciacquare la spugna o il panno durante la pulizia e a risciacquare le superfici del furgone dopo averle strofinate. Si consiglia di usare acqua tiepida e di cambiare spesso l'acqua per evitare di spargere lo sporco.

SMONTAGGIO

Lo smontaggio è il secondo passo da fare per preparare il furgone. Si tratta di rimuovere gli elementi che non servono o che ostacolano l'allestimento del veicolo. Lo smontaggio serve a liberare spazio e a facilitare le operazioni successive. Alcuni elementi da smontare dal furgone sono:

- **I sedili posteriori**: servono a trasportare i passeggeri, ma occupano molto spazio e peso nel furgone. Si consiglia di smontarli e conservarli in un luogo sicuro, in caso si vogliano rimontare in futuro.

- **I pannelli interni**: servono a rivestire le pareti e il tetto del furgone, ma nascondono lo spazio tra la lamiera esterna e l'interno del veicolo. Si consiglia di smontarli con cura e conservarli in un luogo sicuro, in caso si vogliano riutilizzare come sagome per i nuovi rivestimenti.

- **Il pavimento originale**: serve a coprire il pianale metallico del furgone, ma può essere sporco, usurato o non adatto al nuovo allestimento. Si consiglia di smontarlo con cura e conservarlo in un luogo sicuro, in caso si voglia riutilizzare come sagoma per il nuovo pavimento.

TAGLIO

Il taglio è il terzo passo da fare per preparare il furgone. Si tratta di creare delle aperture nella lamiera esterna del veicolo per inserire delle finestre o degli oblò. Il taglio serve a migliorare la ventilazione e l'illuminazione naturale all'interno del camper. Alcuni strumenti e precauzioni utili per tagliare il furgone sono:

> **Una sega circolare**: serve a tagliare la lamiera del furgone seguendo le misure delle finestre o degli oblò. Si consiglia di usare una sega circolare con una lama apposita per il metallo e di seguire le istruzioni del produttore delle finestre o degli oblò per il taglio.

> **Un trapano**: serve a forare la lamiera del furgone per creare dei punti di inizio per il taglio con la sega circolare. Si consiglia di usare un trapano con una punta apposita per il metallo e di forare nei quattro angoli del rettangolo o del cerchio da tagliare.

> **Nastro adesivo**: serve a proteggere la vernice del furgone dai graffi o dai danni causati dalla sega circolare o dal trapano. Si consiglia di applicare il nastro adesivo lungo il perimetro dell'apertura da tagliare e di rimuoverlo dopo il taglio.

> **Una maschera e degli occhiali**: servono a proteggere il viso e gli occhi dai frammenti di metallo che si possono sprigionare durante il taglio. Si consiglia di indossare sempre una maschera e degli occhiali quando si taglia il furgone.

FORATURA

La foratura è il quarto passo da fare per preparare il furgone. Si tratta di creare dei fori nella lamiera esterna o interna del veicolo per fissare degli elementi come la ventola, l'antenna, il gancio traino o i mobili. La foratura serve a rendere più stabile e sicuro l'allestimento del camper. Alcuni strumenti e precauzioni utili per forare il furgone sono:

- **Un trapano**: serve a forare la lamiera del furgone seguendo le misure degli elementi da fissare. Si consiglia di usare un trapano con una punta apposita per il metallo e di seguire le istruzioni del produttore degli elementi da fissare per la foratura.

- **Un metro e una matita**: servono a misurare e segnare i punti dove forare la lamiera del furgone. Si consiglia di usare un metro e una matita per tracciare dei segni precisi e visibili sulla lamiera.

- **Nastro adesivo**: serve a proteggere la vernice del furgone dai graffi o dai danni causati dal trapano. Si consiglia di applicare il nastro adesivo sui punti dove si vuole forare la lamiera e di rimuoverlo dopo la foratura.

- **Maschera e degli occhiali**: servono a proteggere il viso e gli occhi dai frammenti di metallo che si possono sprigionare durante la foratura. Si consiglia di indossare sempre una maschera e degli occhiali quando si fora il furgone.

PERMESSI PER APERTURE

In Italia, per esempio, le aperture sulla lamiera per la ventilazione devono essere omologate se modificano la sagoma originale del veicolo o se sono superiori a 0,5 metri quadrati di superficie.
In altri paesi, come la Germania, le aperture sulla lamiera per la ventilazione non richiedono l'omologazione se non superano il 10% della superficie totale del tetto.

Ti consigliamo di informarti presso le autorità competenti del paese dove intendi omologare il tuo furgone per conoscere le regole specifiche e le procedure da seguire.

Capitolo 5

Installare gli impianti: elettrico, idraulico, gas e riscaldamento

Uno degli aspetti più importanti e complessi della camperizzazione di un furgone è l'installazione degli impianti che permettono di avere energia elettrica, acqua corrente, gas e riscaldamento all'interno del veicolo. Questi impianti sono fondamentali per garantire il comfort e la sicurezza dei viaggiatori, ma richiedono una buona progettazione e una corretta installazione. In questo capitolo, vedremo come installare gli impianti: elettrico, idraulico, gas e riscaldamento nel tuo furgone fai-da-te, con indicazioni sui materiali, i costi e i vari tipi di soluzioni possibili in base al budget.

Impianto elettrico

L'impianto elettrico è quello che permette di alimentare tutti i dispositivi elettronici presenti nel furgone, come luci, frigorifero, pompa dell'acqua, ventilatore, caricabatterie, computer, tv ecc. Per avere un impianto elettrico funzionante e autonomo nel tuo furgone, devi considerare almeno quattro elementi principali:

- **La fonte di energia**: è quella che fornisce l'energia elettrica al tuo impianto. Può essere la batteria del motore del furgone, una o più batterie ausiliarie dedicate al servizio (dette anche batterie di bordo), dei pannelli solari o un generatore portatile. La scelta della fonte di energia dipende dal tuo fabbisogno energetico (quanta energia consumi al giorno), dal tuo budget (quanto vuoi spendere) e dal tuo stile di vita (quanto tempo passi in sosta o in movimento).

- **Il regolatore di carica**: è il dispositivo che controlla il flusso di energia tra la fonte di energia e le batterie. Ha lo scopo di proteggere le batterie da sovraccarichi o scariche profonde che ne ridurrebbero la vita utile. Il regolatore di carica è indispensabile se usi i pannelli solari come fonte di energia, ma può essere utile anche se usi altre fonti per ottimizzare la carica delle batterie.

- **L'inverter**: è il dispositivo che trasforma la corrente continua (DC) delle batterie in corrente alternata (AC), quella che usiamo normalmente nelle prese di casa. L'inverter ti permette di alimentare i dispositivi che richiedono la corrente alternata, come il computer o il forno a microonde. L'inverter ha un costo elevato e consuma energia per funzionare, quindi devi valutare bene se ne hai davvero bisogno o se puoi fare a meno usando solo dispositivi a corrente continua o con adattatori appositi.

- **Il quadro elettrico**: è il pannello dove sono collegati tutti i cavi dell'impianto e dove sono presenti le protezioni (fusibili o interruttori) che evitano cortocircuiti o sovraccarichi. Il quadro elettrico ti permette di gestire facilmente l'accensione e lo spegnimento dei vari dispositivi e di intervenire in caso di problemi.

Per installare l'impianto elettrico nel tuo furgone fai-da-te, devi seguire questi passaggi:

- **Calcola il tuo fabbisogno energetico**: devi fare una lista di tutti i dispositivi che vuoi usare nel furgone e calcolare quanta energia consumano al giorno (in watt-ore) e la tensione a cui funzionano (in volt). Puoi usare le etichette dei dispositivi o cercare le informazioni su internet.

Per esempio, se vuoi usare una lampadina LED da
5 W a 12 V, il suo consumo giornaliero sarà 5 W x
4 ore = 20 Wh. Se vuoi usare un computer portatile
da 60 W a 220 V, il suo consumo giornaliero sarà
60 W x 2 ore = 120 Wh. Sommando tutti i consumi
dei dispositivi, otterrai il tuo fabbisogno energetico
giornaliero in Wh.

- Puoi usare una calcolatrice online 1 per
  semplificare il calcolo.

- **Scegli la fonte di energia: devi decidere come
  produrre l'energia elettrica per il tuo impianto. Le
  opzioni più comuni sono:**

  - **Batteria del motore**: è la soluzione più semplice ed
    economica, ma anche la meno consigliata.
    Consiste nel collegare i dispositivi elettrici alla
    batteria che alimenta il motore del furgone, usando
    un cavo con una presa accendisigari o una presa
    USB. Questo sistema ha il vantaggio di non
    richiedere l'installazione di altre batterie o pannelli
    solari, ma ha anche molti svantaggi: la batteria del
    motore si scarica rapidamente se usata per
    alimentare i dispositivi elettrici, con il rischio di non
    riuscire a far partire il furgone; la batteria del motore
    si ricarica solo quando il furgone è in movimento,
    quindi non è adatta per le soste prolungate; la
    batteria del motore non ha una capacità elevata,
    quindi limita il numero e la potenza dei dispositivi
    che si possono usare. Questo sistema è adatto solo
    se hai un fabbisogno energetico molto basso e se
    usi il furgone principalmente per spostarti e non per
    vivere.

- **Batterie ausiliarie**: sono delle batterie aggiuntive che si installano nel furgone e che si collegano ai dispositivi elettrici. Questo sistema ha il vantaggio di avere una capacità maggiore della batteria del motore e di non interferire con il suo funzionamento. Le batterie ausiliarie si possono ricaricare in diversi modi: collegandole alla batteria del motore tramite un relè o un separatore di carica, che permette di trasferire l'energia solo quando il motore è acceso; collegandole a dei pannelli solari tramite un regolatore di carica, che permette di sfruttare l'energia del sole; collegandole a un generatore portatile tramite un caricabatterie, che permette di produrre energia elettrica usando benzina o gasolio. Le batterie ausiliarie possono essere di diversi tipi: al piombo-acido (le più economiche ma anche le più pesanti e ingombranti), al gel (più leggere e resistenti ma anche più costose), agli ioni di litio (le più leggere e performanti ma anche le più costose e delicate). Per scegliere le batterie ausiliarie devi considerare la loro capacità (espressa in Ah), la loro tensione (solitamente 12 V) e il loro ciclo di vita (il numero di volte che si possono caricare e scaricare). Puoi usare una calcolatrice online come questa[2] per determinare quante e quali batterie ti servono in base al tuo fabbisogno energetico.

- **Pannelli solari:** sono dei dispositivi che trasformano l'energia luminosa del sole in energia elettrica. Questo sistema ha il vantaggio di essere ecologico, gratuito e illimitato, ma ha anche alcuni svantaggi: i pannelli solari dipendono dalle condizioni climatiche e dalla stagione, quindi non garantiscono una produzione costante di energia; i pannelli solari richiedono uno spazio adeguato sul tetto del furgone e un'installazione complessa e costosa.

I pannelli solari possono essere di diversi tipi: rigidi (i più resistenti e performanti ma anche i più pesanti e ingombranti), flessibili (più leggeri e adattabili ma anche più delicati e meno efficienti), pieghevoli (facili da trasportare e riporre ma anche più costosi e meno potenti). Per scegliere i pannelli solari devi considerare la loro potenza (espressa in W), la loro tensione (solitamente 12 V o 24 V) e il loro rendimento (la percentuale di energia solare che riescono a trasformare in energia elettrica).

- **Scegli il regolatore di carica**: devi decidere come controllare il flusso di energia tra i pannelli solari e le batterie. Il regolatore di carica è un dispositivo che regola la tensione e la corrente che arrivano dai pannelli solari e le adatta alle caratteristiche delle batterie, evitando che si sovraccarichino o si scarichino troppo. Il regolatore di carica è indispensabile se usi i pannelli solari come fonte di energia, ma può essere utile anche se usi altre fonti per ottimizzare la carica delle batterie. I regolatori di carica possono essere di due tipi: PWM (Pulse Width Modulation) o MPPT (Maximum Power Point Tracking). I regolatori PWM sono i più semplici ed economici, ma anche i meno efficienti. Funzionano interrompendo il flusso di energia tra i pannelli solari e le batterie a intervalli regolari, in modo da mantenere una tensione costante. I regolatori MPPT sono i più complessi e costosi, ma anche i più efficienti. Funzionano cercando il punto di massima potenza dei pannelli solari e adattando la tensione e la corrente in base alle condizioni climatiche e alle caratteristiche delle batterie. I regolatori MPPT possono aumentare la produzione di energia dei pannelli solari fino al 30%. Per scegliere il regolatore di carica devi considerare la potenza dei pannelli solari, la tensione delle batterie e il tipo di batterie che usi.

- **Scegli l'inverter**: devi decidere se trasformare la corrente continua delle batterie in corrente alternata per alimentare i dispositivi che ne richiedono l'uso. L'inverter è un dispositivo che converte la corrente continua (DC) delle batterie in corrente alternata (AC), quella che usiamo normalmente nelle prese di casa. L'inverter ti permette di alimentare i dispositivi che richiedono la corrente alternata, come il computer o il forno a microonde. L'inverter ha un costo elevato e consuma energia per funzionare, quindi devi valutare bene se ne hai davvero bisogno o se puoi fare a meno usando solo dispositivi a corrente continua o con adattatori appositi. Gli inverter possono essere di due tipi: onda pura o onda modificata. Gli inverter ad onda pura sono i più costosi ma anche i più affidabili e silenziosi. Producono una corrente alternata simile a quella della rete elettrica, adatta a tutti i tipi di dispositivi, anche quelli più sensibili o sofisticati. Gli inverter ad onda modificata sono i più economici ma anche i meno affidabili e rumorosi. Producono una corrente alternata approssimativa, adatta solo a dispositivi semplici o robusti, come luci o ventilatori. Per scegliere l'inverter devi considerare la potenza dei dispositivi che vuoi alimentare, la tensione delle batterie e il tipo di onda che preferisci.

- **Scegli il quadro elettrico**: devi decidere come collegare e proteggere tutti i cavi dell'impianto elettrico. Il quadro elettrico è un pannello dove sono collegati tutti i cavi dell'impianto e dove sono presenti le protezioni (fusibili o interruttori) che evitano cortocircuiti o sovraccarichi. Il quadro elettrico ti permette di gestire facilmente l'accensione e lo spegnimento dei vari dispositivi e di intervenire in caso di problemi.

Il quadro elettrico può essere di diversi tipi: a morsetti (i più semplici ed economici ma anche i meno ordinati e sicuri), a barre (più ordinate e sicure ma anche più costose e ingombranti), a moduli (i più versatili e personalizzabili ma anche i più complessi e costosi). Per scegliere il quadro elettrico devi considerare il numero e il tipo di dispositivi che vuoi collegare, lo spazio disponibile nel furgone e il livello di sicurezza che vuoi garantire.

Per installare l'impianto elettrico nel tuo furgone fai-da-te, devi seguire questi passaggi:

- **Monta i pannelli solari sul tetto del furgone**: devi fissare i pannelli solari sul tetto del furgone in modo che siano stabili, sicuri e ben esposti al sole. Puoi usare diversi metodi per montare i pannelli solari, a seconda del tipo di pannello che hai scelto. I metodi più comuni sono:

- **Viti**: consiste nel forare il tetto del furgone e avvitare i pannelli solari con delle staffe metalliche. Questo metodo è il più resistente e duraturo, ma anche il più invasivo e irreversibile. Richiede una buona impermeabilizzazione dei fori per evitare infiltrazioni d'acqua.

- **Colla**: consiste nell'incollare i pannelli solari sul tetto del furgone con una colla speciale resistente alle intemperie. Questo metodo è il meno invasivo e reversibile, ma anche il meno resistente e affidabile. Richiede una buona pulizia del tetto prima dell'applicazione della colla.

- **Ventose**: consiste nell'attaccare i pannelli solari sul tetto del furgone con delle ventose ad alta aderenza. Questo metodo è il più semplice e rapido, ma anche il meno stabile e sicuro. Richiede una superficie liscia e pulita per funzionare bene.
- **Fai passare i cavi dal tetto al vano batterie**: devi collegare i pannelli solari alle batterie con dei cavi appositi, facendoli passare dal tetto al vano batterie attraverso un passacavo. Il passacavo è un dispositivo che permette di far passare i cavi dal tetto al furgone senza creare fori o aperture. Il passacavo può essere di diversi tipi: a vite (si avvita sul tetto del furgone), a colla (si incolla sul tetto del furgone), a magnete (si attacca al tetto del furgone con dei magneti). Per installare il passacavo devi seguire le istruzioni del produttore, assicurandoti di avere una buona tenuta stagna.

- **Collega i pannelli solari al regolatore di carica**: devi collegare i pannelli solari al regolatore di carica con dei cavi appositi, rispettando la polarità (+ con + e - con -). Il regolatore di carica va posizionato vicino alle batterie, in un luogo asciutto, ventilato e protetto da fonti di calore o umidità. Per collegare il regolatore di carica devi seguire le istruzioni del produttore, assicurandoti di avere una buona connessione.

- **Collega il regolatore di carica alle batterie**: devi collegare il regolatore di carica alle batterie con dei cavi appositi, rispettando la polarità (+ con + e - con -). Le batterie vanno posizionate in un luogo asciutto, ventilato e protetto da fonti di calore o umidità. Per collegare le batterie devi seguire le istruzioni del produttore, assicurandoti di avere una buona connessione.

- **Collega le batterie all'inverter:** devi collegare le batterie all'inverter con dei cavi appositi, rispettando la polarità (+ con + e - con -). L'inverter va posizionato in un luogo asciutto, ventilato e protetto da fonti di calore o umidità. Per collegare l'inverter devi seguire le istruzioni del produttore, assicurandoti di avere una buona connessione.
- **Collega l'inverter al quadro elettrico:** devi collegare l'inverter al quadro elettrico con dei cavi appositi, usando una presa o un interruttore per accendere e spegnere l'inverter. Il quadro elettrico va posizionato in un luogo accessibile e visibile. Per collegare il quadro elettrico devi seguire le istruzioni del produttore, assicurandoti di avere una buona connessione.

- **Collega il quadro elettrico ai dispositivi:** devi collegare il quadro elettrico ai dispositivi che vuoi alimentare con dei cavi appositi, usando delle prese o degli interruttori per accendere e spegnere i dispositivi. I dispositivi vanno posizionati in luoghi comodi e sicuri. Per collegare i dispositivi devi seguire le istruzioni del produttore, assicurandoti di avere una buona connessione.

- **Testa il funzionamento dell'impianto:** devi verificare che l'impianto funzioni correttamente e che non ci siano problemi o anomalie. Puoi usare un multimetro per misurare la tensione e la corrente dei vari componenti dell'impianto e controllare che siano nei valori previsti. Puoi anche usare un tester per verificare che non ci siano cortocircuiti o dispersioni nei cavi. Se riscontri dei problemi, devi individuare la causa e risolverla prima di usare l'impianto.

Impianto idraulico

L'impianto idraulico è quello che permette di avere acqua corrente nel furgone, sia per uso potabile che per uso sanitario. Per avere un impianto idraulico funzionante e autonomo nel tuo furgone, devi considerare almeno quattro elementi principali:

- **La fonte d'acqua**: è quella che fornisce l'acqua al tuo impianto. Può essere un serbatoio interno o esterno al furgone, una tanica portatile o un rubinetto esterno. La scelta della fonte d'acqua dipende dalla quantità d'acqua che consumi al giorno, dal tuo budget (quanto vuoi spendere) e dal tuo stile di vita (quanto tempo passi in sosta o in movimento).

- **La pompa dell'acqua**: è il dispositivo che spinge l'acqua dalla fonte d'acqua ai rubinetti o alla doccia. Ha lo scopo di garantire una pressione adeguata e costante dell'acqua. La pompa dell'acqua può essere di diversi tipi: a membrana (le più comuni ed economiche ma anche le più rumorose), a diaframma (più silenziose ed efficienti ma anche più costose), a immersione (le più silenziose e compatte ma anche le meno potenti). Per scegliere la pompa dell'acqua devi considerare la portata (la quantità d'acqua che eroga al minuto), la pressione (la forza con cui spinge l'acqua), il consumo (la corrente che assorbe) e il rumore (il livello di decibel che emette).

- **Scegli i rubinetti e la doccia**: devi decidere come erogare l'acqua dai vari punti del furgone. I rubinetti e la doccia sono i dispositivi che ti permettono di aprire e chiudere il flusso d'acqua e di regolare la temperatura e la pressione. I rubinetti e la doccia possono essere di diversi tipi: a leva (i più semplici ed economici ma anche i meno precisi), a miscelatore (più pratici e confortevoli ma anche più costosi), a termostato (più sicuri e stabili ma anche più complessi e costosi). Per scegliere i rubinetti e la doccia devi considerare il design (la forma e il colore), la funzionalità (il tipo di erogazione e di regolazione) e la qualità (il materiale e la resistenza).

Per installare l'impianto idraulico nel tuo furgone fai-da-te, devi seguire questi passaggi:

- **Monta il serbatoio dell'acqua pulita**: devi fissare il serbatoio dell'acqua pulita nel furgone in modo che sia stabile, sicuro e facilmente accessibile. Puoi usare diversi metodi per montare il serbatoio, a seconda della sua forma e dimensione. I metodi più comuni sono:

- **Sotto il furgone**: consiste nel fissare il serbatoio sotto il pianale del furgone con delle staffe metalliche. Questo metodo è il più discreto e spazioso, ma anche il più esposto agli agenti atmosferici e ai danneggiamenti. Richiede una buona isolazione termica del serbatoio per evitare il congelamento dell'acqua.

- **Dentro il furgone**: consiste nel fissare il serbatoio dentro il furgone con delle cinghie o dei supporti. Questo metodo è il più protetto e controllabile, ma anche il più ingombrante e visibile. Richiede una buona ventilazione del serbatoio per evitare la formazione di muffe o batteri.

- **Fuori dal furgone:** consiste nel fissare il serbatoio fuori dal furgone con delle ventose o dei magneti. Questo metodo è il più semplice e rapido, ma anche il meno stabile e sicuro. Richiede una buona pulizia del serbatoio per evitare la contaminazione dell'acqua.

- **Fai passare i tubi dall'esterno all'interno del furgone**: devi collegare il serbatoio dell'acqua pulita ai rubinetti o alla doccia con dei tubi appositi, facendoli passare dall'esterno all'interno del furgone attraverso un passatubo. Il passatubo è un dispositivo che permette di far passare i tubi dall'esterno all'interno del furgone senza creare fori o aperture. Il passatubo può essere di diversi tipi: a vite (si avvita sul fianco del furgone), a colla (si incolla sul fianco del furgone), a magnete (si attacca al fianco del furgone con dei magneti). Per installare il passatubo devi seguire le istruzioni del produttore, assicurandoti di avere una buona tenuta stagna.

- **Collega il serbatoio dell'acqua pulita alla pompa dell'acqua**: devi collegare il serbatoio dell'acqua pulita alla pompa dell'acqua con dei tubi appositi, usando delle valvole o dei filtri per regolare e purificare l'acqua. La pompa dell'acqua va posizionata vicino al serbatoio, in un luogo asciutto, ventilato e protetto da fonti di calore o umidità. Per collegare la pompa dell'acqua devi seguire le istruzioni del produttore, assicurandoti di avere una buona connessione.

- **Collega la pompa dell'acqua ai rubinetti** e alla doccia: devi collegare la pompa dell'acqua ai rubinetti e alla doccia con dei tubi appositi, usando delle valvole o dei filtri per regolare e purificare l'acqua. I rubinetti e la doccia vanno posizionati in luoghi comodi e sicuri. Per collegare i rubinetti e la doccia devi seguire le istruzioni del produttore, assicurandoti di avere una buona connessione.

- **Collega i rubinetti e la doccia al serbatoio dell'acqua** sporca: devi collegare i rubinetti e la doccia al serbatoio dell'acqua sporca con dei tubi appositi, usando delle valvole o dei sifoni per evitare i cattivi odori. Il serbatoio dell'acqua sporca va posizionato sotto il furgone, in un luogo stabile, sicuro e facilmente accessibile. Per collegare il serbatoio dell'acqua sporca devi seguire le istruzioni del produttore, assicurandoti di avere una buona tenuta stagna.

- **Testa il funzionamento dell'impianto**: devi verificare che l'impianto funzioni correttamente e che non ci siano problemi o anomalie. Puoi usare un misuratore di pressione per controllare la pressione dell'acqua nei vari punti dell'impianto e verificare che sia nei valori previsti. Puoi anche usare un misuratore di qualità per controllare la qualità dell'acqua e verificare che sia potabile e pulita. Se riscontri dei problemi, devi individuare la causa e risolverla prima di usare l'impianto.

Impianto del gas

L'impianto del gas è quello che permette di avere gas a disposizione nel furgone, sia per uso culinario che per uso riscaldamento. Per avere un impianto del gas funzionante e sicuro nel tuo furgone, devi considerare almeno quattro elementi principali:

- **La fonte del gas**: è quella che fornisce il gas al tuo impianto. Può essere una bombola interna o esterna al furgone, un serbatoio fisso o un sistema GPL. La scelta della fonte del gas dipende dalla quantità di gas che consumi al giorno, dal tuo budget (quanto vuoi spendere) e dal tuo stile di vita (quanto tempo passi in sosta o in movimento).
- **Il riduttore di pressione**: è il dispositivo che regola la pressione del gas dalla fonte del gas ai fornelli o alla stufa. Ha lo scopo di garantire una pressione adeguata e costante del gas. Il riduttore di pressione può essere di diversi tipi: fisso (collegato direttamente alla fonte del gas), mobile (collegato tramite un tubo alla fonte del gas), automatico (regola automaticamente la pressione in base al consumo). Per scegliere il riduttore di pressione devi considerare la portata (la quantità di gas che eroga al minuto), la pressione (la forza con cui spinge il gas) e il tipo di gas (propano o butano).

- **Il tubo del gas**: è il tubo che collega il riduttore di pressione ai fornelli o alla stufa. Ha lo scopo di trasportare il gas in modo sicuro ed efficiente. Il tubo del gas può essere di diversi tipi: rigido (realizzato in rame o acciaio), flessibile (realizzato in gomma o plastica), omologato (conforme alle normative vigenti). Per scegliere il tubo del gas devi considerare il diametro (in base alla portata del riduttore), la lunghezza (in base alla distanza tra i vari elementi), la scadenza (inbase alla data di produzione).

- **Scegli i fornelli e la stufa a gas**: devi decidere come usare il gas per cucinare o per riscaldare il furgone. I fornelli e la stufa a gas sono i dispositivi che ti permettono di accendere una fiamma e di regolare la potenza e la temperatura. I fornelli e la stufa a gas possono essere di diversi tipi: a incasso (integrati nel piano cottura o nel mobile), a posa (appoggiati sul piano cottura o sul pavimento), portatili (trasportabili e utilizzabili all'esterno). Per scegliere i fornelli e la stufa a gas devi considerare il design (la forma e il colore), la funzionalità (il numero e il tipo di fuochi o di bruciatori) e la qualità (il materiale e la resistenza).

Per installare l'impianto del gas nel tuo furgone fai-da-te, devi seguire questi passaggi:

- **Monta la fonte del gas**: devi fissare la fonte del gas nel furgone in modo che sia stabile, sicura e facilmente accessibile. Puoi usare diversi metodi per montare la fonte del gas, a seconda della sua forma e dimensione. I metodi più comuni sono:

- **Sotto il furgone**: consiste nel fissare la bombola o il serbatoio sotto il pianale del furgone con delle staffe metalliche. Questo metodo è il più discreto e spazioso, ma anche il più esposto agli agenti atmosferici e ai danneggiamenti. Richiede una buona isolazione termica della fonte del gas per evitare il congelamento del gas.

- **Dentro il furgone**: consiste nel fissare la bombola o il serbatoio dentro il furgone con delle cinghie o dei supporti. Questo metodo è il più protetto e controllabile, ma anche il più ingombrante e visibile. Richiede una buona ventilazione della fonte del gas per evitare la formazione di gas tossici.

- **Fuori dal furgone**: consiste nel fissare la bombola o il serbatoio fuori dal furgone con delle ventose o dei magneti. Questo metodo è il più semplice e rapido, ma anche il meno stabile e sicuro. Richiede una buona pulizia della fonte del gas per evitare la contaminazione del gas.
- **Fai passare i tubi dall'esterno** all'interno del furgone: devi collegare la fonte del gas al riduttore di pressione con dei tubi appositi, facendoli passare dall'esterno all'interno del furgone attraverso un passatubo. Il passatubo è un dispositivo che permette di far passare i tubi dall'esterno all'interno del furgone senza creare fori o aperture. Il passatubo può essere di diversi tipi: a vite (si avvita sul fianco del furgone), a colla (si incolla sul fianco del furgone), a magnete (si attacca al fianco del furgone con dei magneti). Per installare il passatubo devi seguire le istruzioni del produttore, assicurandoti di avere una buona tenuta stagna.

- **Collega la fonte del gas al riduttore di pressione**: devi collegare la fonte del gas al riduttore di pressione con dei tubi appositi, usando delle valvole o dei filtri per regolare e purificare il gas. Il riduttore di pressione va posizionato vicino alla fonte del gas, in un luogo asciutto, ventilato e protetto da fonti di calore o umidità. Per collegare il riduttore di pressione devi seguire le istruzioni del produttore, assicurandoti di avere una buona connessione.

- **Collega il riduttore di pressione ai fornelli e alla stufa a gas**: devi collegare il riduttore di pressione ai fornelli e alla stufa a gas con dei tubi appositi, usando delle valvole o dei filtri per regolare e purificare il gas. I fornelli e la stufa a gas vanno posizionati in luoghi comodi e sicuri. Per collegare i fornelli e la stufa a gas devi seguire le istruzioni del produttore, assicurandoti di avere una buona connessione.
- **Testa il funzionamento dell'impianto:** devi verificare che l'impianto funzioni correttamente e che non ci siano problemi o anomalie. Puoi usare un misuratore di pressione per controllare la pressione del gas nei vari punti dell'impianto e verificare che sia nei valori previsti. Puoi anche usare un misuratore di perdite per controllare che non ci siano fughe di gas nei tubi o nei raccordi. Se riscontri dei problemi, devi individuare la causa e risolverla prima di usare l'impianto.

L'impianto elettrico è un altro elemento fondamentale del camper, in quanto serve per alimentare le luci, le prese, il televisore, il computer e altri dispositivi. Il costo dei materiali per l'impianto elettrico dipende dal tipo e dalla qualità dei componenti scelti, dalla potenza necessaria e dal livello di automazione. In generale, si può fare una stima approssimativa basandosi sui prezzi medi di mercato e sui consumi medi per punto luce o per metro quadro.

Per esempio, secondo il sito PreventivONE, i costi dei materiali per l'impianto elettrico seguendo i livelli della normativa sono i seguenti:

- Livello 1 (base) dai 20€ ai 35€ al mq

- Livello 2 (standard) dai 25€ ai 40€ al mq

- Livello 3 (domotico) dai 50€ a 70€ al mq

Oltre ai materiali, bisogna considerare anche i costi di installazione e manutenzione dell'impianto, che possono variare a seconda della complessità del progetto e della ditta incaricata. Inoltre, se si vuole rendere il camper autonomo dal punto di vista energetico, bisogna aggiungere i costi delle batterie, dei pannelli solari, dell'inverter e degli altri dispositivi necessari per la gestione e la ricarica dell'energia.
Secondo il sito LostOnTheRoute, questi costi possono variare da circa 1000 euro per un impianto base low-cost a circa 4000 euro per un impianto ultra adatto a un uso full-time.

L'impianto idrico serve per fornire acqua potabile e scaricare le acque reflue nel camper.

Il costo dei materiali per l'impianto idrico dipende dal tipo e dalla qualità dei componenti scelti, dalla capacità dei serbatoi e dal sistema di riscaldamento dell'acqua. In generale, si può fare una stima approssimativa basandosi sui prezzi medi di mercato e sui consumi medi per litro o per metro. Per esempio, secondo il sito CamperOnLine, i costi dei materiali per l'impianto idrico sono i seguenti:

- Serbatoio acqua potabile: da 50 a 200 euro a seconda della capacità (da 50 a 200 litri)
- Serbatoio acque grigie: da 40 a 150 euro a seconda della capacità (da 40 a 150 litri)
- Serbatoio acque nere: da 100 a 300 euro a seconda della capacità (da 10 a 30 litri)
- Pompa acqua: da 20 a 100 euro a seconda della portata (da 7 a 20 litri al minuto)
- Boiler: da 200 a 500 euro a seconda della capacità (da 10 a 30 litri) e del tipo di alimentazione (gas o elettrico)
- Tubazioni: da 1 a 3 euro al metro
- Raccordi: da 1 a 5 euro l'uno
- Rubinetti: da 10 a 50 euro l'uno

Oltre ai materiali, bisogna considerare anche i costi di installazione e manutenzione dell'impianto, che possono variare a seconda della tipologia di camper (furgonato, mansardato o integrale), della normativa vigente e della ditta incaricata.

L'impianto a gas è una componente essenziale del camper, in quanto serve per alimentare il riscaldamento, il frigorifero, il piano cottura e altri servizi. Il costo dei materiali per l'impianto a gas dipende dal tipo e dalla qualità dei componenti scelti, dalla quantità necessaria e dal luogo dove si acquista. In generale, si può fare una stima approssimativa basandosi sui prezzi medi di mercato e sui consumi medi per pezzo o per metro. Per esempio, secondo il sito Quelli dei Camper[1], i costi dei materiali per l'impianto a gas sono i seguenti:

> Tubo in rame: 3-4 euro al metro
> Tubo in gomma: 2-3 euro al metro
> Raccordi: 1-2 euro l'uno
> Valvole di sicurezza: 10-15 euro l'una
> Regolatore di pressione: 15-20 euro l'uno
> Bombola: 20-30 euro l'una
> Bombolone: 300-400 euro l'uno
> 1.

Oltre ai materiali, bisogna considerare anche i costi di installazione e manutenzione dell'impianto, che possono variare a seconda della tipologia di gas utilizzato (butano, propano o miscela), della normativa vigente e della ditta incaricata

In conclusione, il costo totale dei tre impianti può andare da circa 1000 a 3400 euro per una camperizzazione fai-da-te.

Se invece decidi di affidarti a dei professionisti per l'allestimento dei tre impianti, il costo può oscillare tra i 5000 e i 10000 euro.

Altre informazioni:

1. verti.it2. worldwildvan.it3. mezzicommerciali.it4. havanathevan.it

Capitolo 6

I vari costi dell'arredamento

In questo capitolo, voglio illustrarti i vari costi che dovrai affrontare per arredare il tuo furgone fai-da-te. Come ti ho già detto, il costo totale dipende da molti fattori, come il tipo e le dimensioni del furgone, la qualità e la quantità dei materiali, la complessità e la personalizzazione dell'arredamento, la scelta di fare da te o di affidarti a dei professionisti. Per questo motivo, non posso darti una cifra precisa e definitiva, ma solo delle stime approssimative basate su alcuni esempi di arredamento fai-da-te realizzati da altri viaggiatori.

I costi che dovrai sostenere si possono suddividere in quattro categorie principali:

- **Il pavimento**: è il rivestimento che copre il fondo del furgone e che serve a isolare termicamente e acusticamente il veicolo, a proteggerlo dall'umidità e a renderlo più confortevole e accogliente. Il pavimento può essere realizzato con diversi materiali, come legno, linoleum, moquette, gomma o vinile. Il costo del pavimento dipende dal tipo e dalla qualità del materiale scelto, dalla superficie da coprire e dalla difficoltà di posa. In generale, puoi trovare dei pavimenti per furgoni a partire da circa 50 euro fino a oltre 300 euro.

- **Le pareti e il tetto**: sono i rivestimenti che coprono le pareti laterali e il tetto del furgone e che servono a isolare termicamente e acusticamente il veicolo, a proteggerlo dall'umidità e a renderlo più confortevole e accogliente.

Le pareti e il tetto possono essere realizzati con diversi materiali, come legno, compensato, pannelli sandwich, sughero o tessuto. Il costo delle pareti e del tetto dipende dal tipo e dalla qualità del materiale scelto, dalla superficie da coprire e dalla difficoltà di posa. In generale, puoi trovare dei rivestimenti per furgoni a partire da circa 100 euro fino a oltre 500 euro.

- **I mobili:** sono gli elementi che arredano il furgone e che servono a creare le diverse zone funzionali, come la cucina, il letto, il bagno, la zona pranzo o relax. I mobili possono essere realizzati con diversi materiali, come legno, metallo, plastica o tessuto. Il costo dei mobili dipende dal tipo e dalla qualità del materiale scelto, dalle dimensioni e dalla forma dei mobili, dalla complessità e dalla personalizzazione dell'allestimento. In generale, puoi trovare dei mobili per furgoni a partire da circa 200 euro fino a oltre 2000 euro.

- **Gli accessori:** sono gli elementi che completano l'arredamento del furgone e che servono a rendere più confortevole e funzionale la vita a bordo. Gli accessori possono essere di diverso tipo, come luci, tende, cuscini, tappeti, quadri o piante. Il costo degli accessori dipende dal tipo e dalla qualità degli oggetti scelti, dal numero e dalla dimensione degli accessori. In generale, puoi trovare degli accessori per furgoni a partire da circa 50 euro fino a oltre 500 euro.

Per darti un'idea più concreta dei costi dell'arredamento di un furgone fai-da-te, ti riporto alcuni esempi tratti da siti web o blog di viaggiatori che hanno condiviso le loro esperienze:

- Un esempio di camperizzazione mobile di un Renault Kangoo ha avuto un costo totale di circa 1000 euro[1], di cui circa 300 euro per il pavimento (in legno), 200 euro per le pareti (in tessuto), 300 euro per i mobili (in legno) e 200 euro per gli accessori (luci, luci, tende, cuscini, tappeti, quadri o piante).

- Un esempio di camperizzazione mobile di un Renault Kangoo ha avuto un costo totale di circa 1000 euro[1], di cui circa 300 euro per il pavimento (in legno), 200 euro per le pareti (in tessuto), 300 euro per i mobili (in legno) e 200 euro per gli accessori (luci, tende, cuscini).

- Un esempio di camperizzazione fissa di un Mercedes Benz Sprinter ha avuto un costo totale di circa 18000 euro[2], di cui circa 500 euro per il pavimento (in linoleum), 1000 euro per le pareti e il tetto (in compensato), 15000 euro per i mobili (in legno) e 1500 euro per gli accessori (luci, tende, tappeti, quadri).

- Un esempio di camperizzazione fissa di un Volkswagen Transporter ha avuto un costo totale di circa 8000 euro[3], di cui circa 300 euro per il pavimento (in gomma), 500 euro per le pareti e il tetto (in pannelli sandwich), 6000 euro per i mobili (in metallo e plastica) e 1200 euro per gli accessori (luci, tende, cuscini, piante).

-

Come puoi vedere, i costi dell'arredamento di un furgone fai-da-te possono variare molto a seconda delle scelte che farai.

Per risparmiare, ti consiglio di:

- Scegliere dei materiali economici ma resistenti e adatti al tuo furgone

- Riciclare o riutilizzare dei mobili o degli accessori che hai già o che trovi usati

- Sfruttare al massimo lo spazio disponibile e creare delle soluzioni multifunzionali

- Fare da te il più possibile e chiedere aiuto solo se necessario

- Confrontare i prezzi e le offerte dei diversi fornitori o negozi

Spero che questo capitolo ti sia stato utile per farti un'idea dei costi dell'arredamento di un furgone fai-da-te.

Capitolo 7

Personalizzare il furgone: decorazione, illuminazione, tende e gadget

In questo capitolo, voglio illustrarti come puoi personalizzare il tuo furgone fai-da-te con degli elementi di decorazione, illuminazione, tende e gadget che renderanno il tuo veicolo più bello e confortevole. Come abbiamo detto, il costo totale dipende da molti fattori, come il tipo e le dimensioni del furgone, la qualità e la quantità dei materiali, la complessità e la personalizzazione della personalizzazione, la scelta di fare da te o di affidarti a dei professionisti. Per questo motivo, non posso darti una cifra precisa e definitiva, ma solo delle stime approssimative basate su alcuni esempi di personalizzazione fai-da-te realizzati da altri viaggiatori.

I costi che dovrai sostenere si possono suddividere in quattro categorie principali:

- **La decorazione**: sono gli elementi che abbelliscono il furgone e che servono a creare un'atmosfera piacevole e accogliente. La decorazione può essere realizzata con diversi materiali, come legno, metallo, plastica o tessuto. La decorazione può comprendere elementi come quadri, poster, adesivi, specchi, orologi o piante. Il costo della decorazione dipende dal tipo e dalla qualità del materiale scelto, dal numero e dalla dimensione degli elementi. In generale, puoi trovare degli elementi di decorazione per furgoni a partire da circa 10 euro fino a oltre 100 euro.

- **L'illuminazione**: sono gli elementi che illuminano il furgone e che servono a creare un'atmosfera luminosa e funzionale. L'illuminazione può essere realizzata con diversi tipi di luci, come led, neon, lampadine o candele.

L'illuminazione può comprendere elementi come faretti, strisce led, lampade da tavolo o da parete o lanterne. Il costo dell'illuminazione dipende dal tipo e dalla qualità delle luci scelte, dal numero e dalla potenza degli elementi. In generale, puoi trovare degli elementi di illuminazione per furgoni a partire da circa 20 euro fino a oltre 200 euro.

- **Le tende**: sono gli elementi che coprono le finestre del furgone e che servono a creare un'atmosfera intima e protetta. Le tende possono essere realizzate con diversi tipi di tessuti, come cotone, lino, velluto o pizzo. Le tende possono essere di diverso colore, fantasia o stile. Il costo delle tende dipende dal tipo e dalla qualità del tessuto scelto, dalla superficie da coprire e dalla difficoltà di posa. In generale, puoi trovare delle tende per furgoni a partire da circa 30 euro fino a oltre 150 euro.

- **I gadget**: sono gli elementi che arricchiscono il furgone e che servono a rendere più divertente e originale la vita a bordo. I gadget possono essere di diverso tipo, come oggetti tecnologici, giochi, libri o souvenir. I gadget possono essere acquistati o regalati da amici o parenti. Il costo dei gadget dipende dal tipo e dalla qualità degli oggetti scelti, dal numero e dalla dimensione degli elementi. In generale, puoi trovare dei gadget per furgoni a partire da circa 5 euro fino a oltre 50 euro.

Per darti un'idea più concreta dei costi della personalizzazione di un furgone fai-da-te, ti riporto alcuni esempi tratti da siti web o blog di viaggiatori che hanno condiviso le loro esperienze:

- Un esempio di personalizzazione mobile di un Renault Kangoo ha avuto un costo totale di circa 200 euro[1], di cui circa 50 euro per la decorazione (quadri, adesivi, specchi), 50 euro per l'illuminazione (strisce led, lampade da tavolo), 50 euro per le tende (in cotone) e 50 euro per i gadget (libri, giochi, cuscini).

- Un esempio di personalizzazione fissa di un Mercedes Benz Sprinter ha avuto un costo totale di circa 1500 euro[1], di cui circa 300 euro per la decorazione (quadri, poster, orologi, piante), 500 euro per l'illuminazione (faretti, strisce led, lampade da parete), 400 euro per le tende (in velluto) e 300 euro per i gadget (luci, candele, tappeti).

- Un esempio di personalizzazione fissa di un Volkswagen Transporter ha avuto un costo totale di circa 1200 euro, di cui circa 200 euro per la decorazione (adesivi, specchi, orologi), 400 euro per l'illuminazione (faretti, strisce led, lanterne), 300 euro per le tende (in lino) e 300 euro per i gadget (libri, giochi, cuscini).

Come puoi vedere, i costi della personalizzazione di un furgone fai-da-te possono variare molto a seconda delle scelte che farai. Per risparmiare, ti consiglio di:

- Scegliere degli elementi di decorazione, illuminazione, tende e gadget che si adattino al tuo stile e al tuo furgone

- Riciclare o riutilizzare degli elementi che hai già o che trovi usati
- Sfruttare al massimo la luce naturale e creare delle soluzioni luminose a basso consumo
- Fare da te il più possibile e chiedere aiuto solo se necessario
- Confrontare i prezzi e le offerte dei diversi fornitori o negozi

Spero che questo capitolo ti sia stato utile per farti un'idea dei costi della personalizzazione di un furgone fai-da-te.

Capitolo 8

Equipaggiare il furgone: cucina, bagno, letto, armadi e stoccaggio

Una volta terminata la fase di isolamento e coibentazione del furgone, si passa alla parte più divertente e creativa della camperizzazione: l'equipaggiamento interno. In questo capitolo vedremo come realizzare una cucina, un bagno, un letto, degli armadi e degli spazi di stoccaggio per il nostro camper. Ovviamente, le soluzioni possibili sono infinite e dipendono dalle dimensioni del furgone, dalle esigenze personali e dal budget a disposizione. Qui ci limiteremo a dare alcuni consigli generali e a mostrare alcuni esempi di allestimenti realizzati da altri camperisti.

La cucina

La cucina è uno degli elementi essenziali di un camper, in quanto permette di preparare i pasti in autonomia e di risparmiare sui costi dei ristoranti. Per realizzare una cucina funzionale e sicura nel nostro furgone abbiamo bisogno di:

- Un piano cottura a gas o elettrico

- Un lavello con rubinetto

- Un serbatoio d'acqua potabile e uno per le acque grigie

- Un frigorifero o una borsa frigo

- Un mobile o una struttura portante per fissare i vari elementi

- Dei cassetti o delle ante per riporre le stoviglie e le provviste

Il piano cottura può essere a gas o elettrico. Il gas ha il vantaggio di essere più economico e di non consumare energia elettrica, ma richiede l'installazione di una bombola o di un bombolone con un impianto omologato e sicuro. L'elettrico ha il vantaggio di essere più ecologico e di non produrre fiamme o gas di scarico, ma richiede una batteria ausiliaria o un pannello solare per alimentarlo. In entrambi i casi si può optare per un piano cottura fisso o rimovibile, a seconda dello spazio disponibile e della frequenza d'uso.

Il lavello serve per lavare le stoviglie e le verdure, ma anche per avere a disposizione dell'acqua corrente per bere o per l'igiene personale. Il lavello deve essere collegato a un rubinetto che può essere manuale o elettrico. Il rubinetto manuale funziona con una pompa a pedale o a mano che fa uscire l'acqua dal serbatoio. Il rubinetto elettrico funziona con una pompa a 12V che si attiva con un interruttore o con un sensore. In entrambi i casi bisogna prevedere un sistema di scarico dell'acqua sporca in un serbatoio apposito.

Il serbatoio d'acqua potabile serve per rifornire il rubinetto del lavello e può avere una capacità variabile a seconda delle dimensioni del furgone e delle esigenze personali. Si può scegliere tra un serbatoio fisso o mobile. Il serbatoio fisso ha il vantaggio di avere una maggiore capacità e di non dover essere spostato per il riempimento o lo svuotamento, ma richiede uno spazio adeguato nel furgone e un sistema di fissaggio sicuro. Il serbatoio mobile ha il vantaggio di essere più pratico e versatile, ma richiede di essere portato fuori dal furgone ogni volta che si vuole fare il pieno o lo scarico.

Il frigorifero serve per conservare gli alimenti deperibili e le bevande fresche. Può essere a compressore o ad assorbimento. Il frigorifero a compressore ha il vantaggio di essere più efficiente e silenzioso, ma richiede una fonte di energia elettrica costante. Il frigorifero ad assorbimento ha il vantaggio di poter funzionare sia a gas che a corrento 12V. Il frigoriforo può ossoro fisso o mobile, a seconda dello spazio disponibile e della frequenza d'uso. Un'alternativa al frigorifero è la borsa frigo, che ha il vantaggio di essere più economica e leggera, ma ha una minore capacità e una minore durata del freddo.

Il mobile o la struttura portante serve per sostenere e fissare il piano cottura, il lavello e il frigorifero. Può essere realizzato in legno, metallo o altro materiale resistente e leggero. Deve avere delle aperture per il passaggio dei tubi dell'acqua e del gas e per la ventilazione del frigorifero. Deve avere anche dei cassetti o delle ante per riporre le stoviglie e le provviste in modo ordinato e sicuro.

I costi della cucina variano a seconda dei materiali e degli elementi scelti. Per fare un esempio, secondo il sito Camperizate, i costi dei materiali per una cucina con piano cottura a gas, lavello, rubinetto manuale, serbatoio d'acqua potabile da 20 litri, serbatoio per le acque grigie da 10 litri e frigorifero a compressore da 40 litri sono i seguenti:

- Piano cottura a gas: 60-80 euro
- Lavello: 30-50 euro
- Rubinetto manuale: 10-20 euro
- Serbatoio d'acqua potabile: 15-25 euro
- Serbatoio per le acque grigie: 10-20 euro
- Frigorifero a compressore: 300-500 euro
- Mobile o struttura portante: 100-200 euro
- Cassetti o ante: 50-100 euro

- Tubi, raccordi, valvole, pompe, filtri e altri accessori: 50-100 euro

Il costo totale della cucina può quindi variare tra i 625 e i 1095 euro circa.

Il bagno

Il bagno è un altro elemento importante di un camper, in quanto permette di avere una maggiore privacy e igiene durante i viaggi. Per realizzare un bagno funzionale e sicuro nel nostro furgone abbiamo bisogno di:

- Un wc chimico o a cassetta
- Una doccia interna o esterna
- Un lavandino con rubinetto
- Un serbatoio d'acqua potabile e uno per le acque nere
- Una tenda o una parete divisoria per separare il bagno dal resto del furgone
- Un mobile o una struttura portante per fissare i vari elementi
- Dei cassetti o delle ante per riporre gli asciugamani e i prodotti da bagno

Il wc chimico o a cassetta serve per lo smaltimento dei bisogni fisiologici. Il wc chimico ha il vantaggio di essere più economico e semplice da usare, ma richiede l'uso di prodotti chimici per neutralizzare gli odori e le sostanze organiche. Il wc a cassetta ha il vantaggio di essere più ecologico e igienico, ma richiede un collegamento all'impianto idraulico del furgone e uno scarico periodico della cassetta. In entrambi i casi si può optare per un wc fisso o mobile, a seconda dello spazio disponibile e della frequenza d'uso.

La doccia serve per lavarsi e rinfrescarsi durante i viaggi. Può essere interna o esterna. La doccia interna ha il vantaggio di offrire maggiore privacy e comfort, ma richiede uno spazio adeguato nel furgone e un sistema di scarico dell'acqua sporca in un serbatoio apposito. La doccia esterna ha il vantaggio di occupare meno spazio e di essere più economica, ma è soggetta ad una maggiore esposizione degli agenti atmosferici. La doccia può essere collegata al rubinetto del lavello o avere un rubinetto dedicato. Può essere alimentata da una pompa manuale o elettrica. Può avere una tenda o una cabina per proteggere il resto del furgone dall'acqua.

Il lavandino serve per lavarsi le mani, il viso e i denti. Può essere lo stesso del lavello della cucina o avere un rubinetto dedicato. Può essere fisso o pieghevole, a seconda dello spazio disponibile. Deve essere collegato a un serbatoio d'acqua potabile e a uno per le acque grigie.

Il serbatoio d'acqua potabile serve per rifornire il rubinetto del lavandino e della doccia e può avere una capacità variabile a seconda delle dimensioni del furgone e delle esigenze personali. Si può scegliere tra un serbatoio fisso o mobile. Il serbatoio fisso ha il vantaggio di avere una maggiore capacità e di non dover essere spostato per il riempimento o lo svuotamento, ma richiede uno spazio adeguato nel furgone e un sistema di fissaggio sicuro. Il serbatoio mobile ha il vantaggio di essere più pratico e versatile, ma richiede di essere portato fuori dal furgone ogni volta che si vuole fare il pieno o lo scarico.

Il serbatoio per le acque grigie serve per raccogliere l'acqua sporca proveniente dal lavello, dal lavandino e dalla doccia. Deve avere una capacità adeguata al serbatoio d'acqua potabile e deve essere dotato di un sistema di scarico facile e sicuro. Deve essere posizionato in un luogo accessibile e protetto dalle intemperie e dagli urti.

La tenda o la parete divisoria serve per separare il bagno dal resto del furgone e garantire una maggiore privacy e igiene. Può essere realizzata in tessuto impermeabile o in materiale plastico o metallico. Può essere fissa o mobile, a seconda dello spazio disponibile e della frequenza d'uso.

Il mobile o la struttura portante serve per sostenere e fissare il wc, la doccia e il lavandino. Può essere realizzato in legno, metallo o altro materiale resistente e leggero. Deve avere delle aperture per il passaggio dei tubi dell'acqua e del gas e per la ventilazione del wc. Deve avere anche dei cassetti o delle ante per riporre gli asciugamani e i prodotti da bagno in modo ordinato e sicuro.

I costi del bagno variano a seconda dei materiali e degli elementi scelti. Per fare un esempio, secondo il sito Lost on The Route1, i costi dei materiali per un bagno con wc chimico portatile, doccia esterna con pompa manuale, lavandino pieghevole con rubinetto manuale, serbatoio d'acqua potabile da 20 litri, serbatoio per le acque grigie da 10 litri e tenda divisoria sono i seguenti:

- Wc chimico portatile: 50-150 euro
- Doccia esterna con pompa manuale: 20-40 euro
- Lavandino pieghevole con rubinetto manuale: 30-50 euro
- Serbatoio d'acqua potabile: 15-25 euro
- Serbatoio per le acque grigie: 10-20 euro
- Tenda divisoria: 10-20 euro
- Mobile o struttura portante: 50-100 euro
- Tubi, raccordi, valvole, pompe, filtri e altri accessori: 50-100 euro

Il costo totale del bagno può quindi variare tra i 235 e i 505 euro circa.

Altre informazioni:

1. lostontheroute.com2. amicidelcamper.com3. niscar.it

Il letto

Il letto è un elemento fondamentale di un camper, in quanto permette di riposare e dormire comodamente durante i viaggi. Per realizzare un letto funzionale e confortevole nel nostro furgone abbiamo bisogno di:

- Un materasso adatto alle dimensioni e alla forma del furgono
- Una base o una struttura portante per sostenere il materasso
- Dei cassetti o degli spazi di stoccaggio sotto il letto
- Dei cuscini, delle lenzuola e delle coperte per il comfort e il calore

Il materasso può essere singolo, matrimoniale o a castello, a seconda del numero di persone che devono dormire nel furgone e dello spazio disponibile. Può essere fisso o trasformabile, a seconda della necessità di avere più spazio durante il giorno. Può essere realizzato in schiuma, lattice o memory foam, a seconda delle preferenze personali. Deve avere una dimensione e una forma adatte al furgone, eventualmente tagliato su misura.

La base o la struttura portante serve per sostenere e fissare il materasso. Può essere realizzata in legno, metallo o altro materiale resistente e leggero. Può essere fissa o mobile, a seconda della necessità di avere più spazio durante il giorno. Può essere posizionata in orizzontale o in verticale, a seconda della disposizione del letto nel furgone.

I cassetti o gli spazi di stoccaggio sotto il letto servono per riporre i vestiti, le scarpe e altri oggetti personali in modo ordinato e sicuro. Possono essere realizzati in legno, metallo o altro materiale resistente e leggero. Possono essere dotati di serrature o chiusure magnetiche per evitare che si aprano durante la marcia.

I cuscini, le lenzuola e le coperte servono per rendere il letto più confortevole e caldo. Possono essere scelti in base ai gusti personali e al clima del luogo di destinazione. Possono essere riposti in appositi sacchi o contenitori quando non sono in uso.

I costi del letto variano a seconda dei materiali e degli elementi scelti. Per fare un esempio, secondo il sito Havana the Van1, i costi dei materiali per un letto matrimoniale fisso con base in legno e materasso in memory foam sono i seguenti:

- Materasso in memory foam: 100-200 euro
- Base in legno: 50-100 euro
- Cassetti o spazi di stoccaggio: 50-100 euro
- Cuscini, lenzuola e coperte: 50-100 euro

Il costo totale del letto può quindi variare tra i 250 e i 500 euro circa.

Gli armadi e gli spazi di stoccaggio

Gli armadi e gli spazi di stoccaggio servono per riporre gli oggetti personali e le attrezzature necessarie per i viaggi in modo ordinato e sicuro. Per realizzare degli armadi e degli spazi di stoccaggio funzionali e pratici nel nostro furgone abbiamo bisogno di:

- Dei mobili o delle strutture portanti per sostenere e fissare gli armadi e gli spazi di stoccaggio
- Dei cassetti, delle ante, delle mensole o dei cestelli per riporre gli oggetti personali e le attrezzature
- Dei ganci, delle reti o delle cinghie per appendere o fissare gli oggetti personali e le attrezzature

I mobili o le strutture portanti possono essere realizzati in legno, metallo o altro materiale resistente e leggero. Possono essere posizionati lungo le pareti laterali, sul tetto o sul pavimento del furgone. Devono avere delle aperture per il passaggio dei cavi dell'impianto elettrico e per la ventilazione del furgone.

Conclusione

In questo capitolo abbiamo visto come equipaggiare il furgone con una cucina, un bagno, un letto, degli armadi e degli spazi di stoccaggio per renderlo un camper funzionale e confortevole. Abbiamo anche visto quali sono i costi approssimativi dei materiali necessari per realizzare questi elementi. Ovviamente, questi costi possono variare a seconda della qualità dei materiali, del tipo di allestimento e del grado di personalizzazione che si vuole dare al proprio camper. Inoltre, bisogna tenere conto anche dei costi della manodopera se si decide di affidarsi a un professionista o a un'officina specializzata. In ogni caso, la camperizzazione di un furgone è un progetto entusiasmante e creativo che richiede molta pazienza, dedizione e passione. Il risultato finale sarà sicuramente una grande soddisfazione personale e una fonte di libertà e avventura per i viaggi futuri.

Nel prossimo capitolo vedremo come testare il furgone dopo averlo equipaggiato, quali sono le procedure da seguire per la revisione, l'omologazione, l'assicurazione e il collaudo del camper.

Capitolo 9

Testare il furgone e le procedure burocratiche

Dopo aver equipaggiato il furgone con tutti gli elementi necessari per renderlo un camper funzionale e confortevole, siamo pronti per testarlo e per affrontare le procedure burocratiche per la revisione, l'omologazione, l'assicurazione e il collaudo del camper. In questo capitolo vedremo come fare questi passaggi in modo corretto e sicuro.

Testare il furgone

Prima di partire per il nostro primo viaggio con il nostro camper, è bene testare il furgone per verificare che tutto funzioni correttamente e che non ci siano problemi o malfunzionamenti. Per fare questo possiamo seguire questi consigli:

- Controllare lo stato del motore, dei freni, delle luci, delle gomme e di tutti gli elementi meccanici ed elettrici del furgone. Se necessario, fare una manutenzione ordinaria o straordinaria presso un'officina di fiducia.

- Controllare lo stato dell'isolamento termico e acustico del furgone. Verificare che non ci siano infiltrazioni d'acqua o di aria dalle finestre, dalle porte o dal tetto. Verificare che non ci siano rumori fastidiosi durante la marcia.

- Controllare lo stato dell'impianto idraulico del camper. Verificare che non ci siano perdite d'acqua dai rubinetti, dai lavelli, dalla doccia o dai serbatoi. Verificare che la pressione dell'acqua sia adeguata e che la pompa funzioni correttamente. Verificare che i serbatoi siano puliti e disinfettati.

- Controllare lo stato dell'impianto del gas del camper. Verificare che non ci siano perdite di gas dai fornelli, dal frigorifero o dal riscaldamento. Verificare che le bombole siano piene e in regola con le scadenze. Verificare che i tubi e i raccordi siano in buone condizioni e ben fissati.

- Controllare lo stato dell'impianto elettrico del camper. Verificare che non ci siano cortocircuiti o sovraccarichi nelle prese, nelle luci o negli elettrodomestici. Verificare che la batteria sia carica e funzionante. Verificare che il pannello solare sia pulito e ben orientato. Verificare che il regolatore di carica e l'inverter funzionino correttamente.

- Controllare lo stato dell'arredamento e degli spazi di stoccaggio del camper. Verificare che i mobili, i cassetti, le ante, le mensole e i cestelli siano ben fissati e non si muovano durante la marcia. Verificare che gli oggetti personali e le attrezzature siano riposti in modo ordinato e sicuro. Verificare che i ganci, le reti e le cinghie siano ben tesi e non si allentino.

Se dopo aver fatto questi controlli siamo soddisfatti del risultato, possiamo procedere con le procedure burocratiche per la revisione, l'omologazione, l'assicurazione e il collaudo del camper.

La revisione

La revisione è il controllo periodico obbligatorio che serve a verificare la sicurezza stradale dei veicoli a motore. La revisione deve essere effettuata ogni due anni presso una stazione di revisione autorizzata dal Ministero dei Trasporti. Durante la revisione vengono controllati:

- Il funzionamento dei freni
- L'impianto elettrico
- L'usura di pneumatici e sospensioni

- Le emissioni di rumore e gas di scarico

Nel Codice della Strada sono indicati i valori limite che i risultati dei controlli devono rispettare. Se il veicolo supera i controlli, viene rilasciato un certificato di revisione che deve essere esposto sul parabrezza. Se il veicolo non supera i controlli, viene rilasciato un verbale di mancata revisione che indica le irregolarità riscontrate e il termine entro il quale devono essere sanate. In caso di mancata revisione nei tempi previsti, si incorre in una sanzione amministrativa e nel fermo del veicolo.

Altre informazioni:

1. hoppivan.com2. worldwildvan.it3. justmolla.it4. lostontheroute.com

L'omologazione

L'omologazione è il riconoscimento legale delle modifiche apportate al veicolo per trasformarlo da furgone a camper. L'omologazione deve essere effettuata presso la Motorizzazione Civile competente per territorio. Durante l'omologazione vengono controllati:

- La conformità del veicolo alle norme tecniche vigenti
- La presenza degli elementi obbligatori per la definizione di camper
- La corrispondenza dell'allestimento al progetto approvato

Nel Codice della Strada sono indicati i requisiti minimi che il veicolo deve possedere per essere definito camper. Tali requisiti sono:

- Un letto di almeno una piazza, fisso o trasformabile

- Un piano cottura con almeno un fornello, fisso o trasformabile
- Un lavandino con rubinetto, fisso o trasformabile
- Un tavolo dove poter mangiare, fisso o trasformabile
- Un ricircolo d'aria, come una finestra o un lucernario
- Un'uscita d'emergenza, come una porta o un finestrino

Inoltre, il veicolo deve rispettare le norme relative all'impianto idraulico, all'impianto del gas e all'impianto elettrico.

Per ottenere l'omologazione a camper in Italia è necessario seguire una procedura complessa e costosa che richiede:

- Il nulla osta della casa produttrice del veicolo (solitamente le case non lo rilasciano per mezzi con età superiore ai 7 anni)
- Il progetto dell'allestimento interno, redatto e firmato da un ingegnere iscritto all'albo
- L'approvazione del progetto dalla casa produttrice (si consiglia di far visionare il progetto anche alla motorizzazione in questa fase)
- L'esecuzione dei lavori da parte di un allestitore certificato o autorizzato dalla casa produttrice
- Il collaudo del veicolo presso la motorizzazione con il pagamento delle relative tasse

Il costo totale dell'omologazione a camper in Italia può variare tra i 2000 e i 5000 euro circa.

Un'alternativa più semplice e conveniente per omologare il furgone a camper è quella di farlo in Germania, dove la procedura è più flessibile e meno burocratica. In questo caso è possibile:

- Realizzare l'allestimento in modo autonomo o con l'aiuto di un professionista
- Richiedere l'omologazione a camper presso un'agenzia specializzata che si occupa di tutte le pratiche necessarie
- Recarsi in Germania con il furgone e sottoporlo al collaudo presso una stazione di revisione autorizzata (TÜV o DEKRA)
- Ottenere la targa tedesca temporanea con i documenti tedeschi
- Tornare in Italia con il furgone e richiedere la nazionalizzazione presso la motorizzazione competente

Il costo totale dell'omologazione a camper in Germania può variare tra i 1000 e i 2000 euro circa.

L'assicurazione

L'assicurazione è la copertura assicurativa obbligatoria che serve a tutelare il proprietario del veicolo e i terzi coinvolti in caso di incidente. L'assicurazione deve essere stipulata presso una compagnia assicurativa che offre le migliori condizioni di prezzo e di copertura. L'assicurazione deve essere adeguata alla categoria e alla destinazione d'uso del veicolo. L'assicurazione deve essere rinnovata ogni anno e deve essere esposta sul parabrezza.
Il costo dell'assicurazione varia a seconda della compagnia assicurativa, del valore del veicolo, del peso, del luogo di residenza e delle garanzie accessorie incluse. In generale, il costo di un'assicurazione-base per camper si attesta su 400-500 euro all'anno. Il costo può aumentare se si includono garanzie aggiuntive come furto e incendio, atti vandalici, polizza cristalli, ecc. Per quanto riguarda la roulotte, i costi sono inferiori rispetto a quelli di un camper, per l'assicurazione (costo intorno ai 150-200 euro all'anno).

Il collaudo

Il collaudo è il controllo finale che serve a verificare la conformità del veicolo alle norme tecniche vigenti e alla documentazione presentata. Il collaudo deve essere effettuato presso la Motorizzazione Civile competente per territorio. Durante il collaudo vengono controllati:

- La corrispondenza tra il veicolo e i dati riportati sulla carta di circolazione
- La presenza degli elementi obbligatori per la definizione di camper
- Il funzionamento degli impianti idraulico, del gas e elettrico
- La sicurezza stradale del veicolo

Se il veicolo supera il collaudo, viene rilasciata una nuova carta di circolazione con la categoria e la destinazione d'uso aggiornate. Se il veicolo non supera il collaudo, viene rilasciato un verbale di mancato collaudo che indica le irregolarità riscontrate e il termine entro il quale devono essere sanate.

Conclusione

In questo capitolo abbiamo visto come testare il furgone dopo averlo equipaggiato e come affrontare le procedure burocratiche per la revisione, l'omologazione, l'assicurazione e il collaudo del camper. Abbiamo anche visto quali sono i costi approssimativi di queste operazioni. Ovviamente, questi costi possono variare a seconda della qualità dei materiali, del tipo di allestimento e del grado di personalizzazione che si vuole dare al proprio camper.

Inoltre, bisogna tenere conto anche dei costi della manodopera se si decide di affidarsi a un professionista o a un'officina specializzata.

In ogni caso, la trasformazione di un furgone in un camper è un progetto entusiasmante e creativo che richiede molta pazienza, dedizione e passione.

Il risultato finale sarà sicuramente una grande soddisfazione personale e una fonte di libertà e avventura per i viaggi futuri.

Nel prossimo capitolo vedremo come organizzare il nostro primo viaggio con il nostro camper, quali sono le attrezzature indispensabili da portare con noi, come scegliere le mete e le tappe più adatte alle nostre esigenze e come vivere al meglio l'esperienza del campeggio.

Capitolo 10

Organizzare il nostro primo viaggio con il nostro camper

Dopo aver trasformato il furgone in un camper e aver ottenuto tutte le autorizzazioni necessarie per circolare legalmente, siamo pronti per organizzare il nostro primo viaggio con il nostro camper. In questo capitolo vedremo come fare una buona pianificazione del viaggio, quali sono le attrezzature indispensabili da portare con noi, come scegliere le mete e le tappe più adatte alle nostre esigenze e come vivere al meglio l'esperienza del campeggio.

Pianificare il viaggio

Prima di partire per il nostro viaggio con il camper, è bene fare una buona pianificazione che ci permetta di goderci la vacanza senza stress e imprevisti. Per fare questo possiamo seguire questi consigli:

- Definire il budget a disposizione: in base al budget possiamo scegliere la destinazione, la durata, il tipo di campeggio e le attività da fare durante il viaggio. Il budget deve tenere conto delle spese per il carburante, i pedaggi, le aree di sosta o i campeggi, il cibo, le visite turistiche, le eventuali emergenze, ecc.

- Scegliere la destinazione: la destinazione dipende dai nostri gusti e dalle nostre aspettative. Possiamo scegliere tra mare, montagna, città d'arte, natura, cultura, ecc. Possiamo anche optare per un itinerario tematico o per un tour di più paesi. L'importante è informarsi bene sulle condizioni climatiche, sulle norme stradali e sulle regole di campeggio del luogo che vogliamo visitare.
- Scegliere la durata: la durata dipende dal budget e dalla destinazione. Possiamo fare un viaggio breve di qualche giorno o uno più lungo di settimane o mesi. L'importante è non fare troppa fretta e lasciare spazio alla flessibilità e all'improvvisazione. Il camper ci permette di cambiare idea in corso d'opera e di adattarci alle circostanze.

- Scegliere le tappe: le tappe sono le soste che facciamo lungo il percorso per visitare i luoghi di interesse o per riposarci. Le tappe devono essere equilibrate tra distanza e tempo. Non conviene fare troppi chilometri al giorno o fermarsi troppo poco in ogni posto. Le tappe devono essere scelte in base alla disponibilità di aree di sosta o di campeggi adeguati alle nostre esigenze.

- Prenotare le aree di sosta o i campeggi: se vogliamo avere la certezza di trovare un posto dove fermarci con il nostro camper, soprattutto nei periodi di alta stagione o nelle zone più turistiche, è consigliabile prenotare in anticipo le aree di sosta o i campeggi che abbiamo scelto. Possiamo farlo tramite internet, telefono o apposite guide. Se invece preferiamo lasciarci guidare dall'istinto e dalla casualità, possiamo cercare le aree di sosta o i campeggi disponibili sul momento tramite cartine, navigatori o apposite app.

Portare le attrezzature indispensabili

Per partire per il nostro viaggio con il camper dobbiamo portare con noi le attrezzature indispensabili per garantire il comfort e la sicurezza del veicolo e dei passeggeri. Tra queste attrezzature ci sono:

- **Il kit di emergenza**: comprende gli strumenti necessari per affrontare eventuali guasti o incidenti del veicolo.
  Tra questi ci sono: cavi per avviamento batteria, cassetta degli attrezzi, estintore, triangolo e giubbino riflettente, kit di pronto soccorso, ruota di scorta o kit ripara forature, torcia elettrica, documenti del veicolo e dell'assicurazione.

- **Il kit di campeggio**: comprende gli strumenti necessari per allestire la nostra area di sosta o il nostro campeggio. Tra questi ci sono: tendalino o veranda per il camper, tavolo e sedie da campeggio, luci da campeggio, secchio ripiegabile, attacco elettrico per il camper, cunei o livellatori per il camper, prolunghe e adattatori elettrici, taniche d'acqua potabile e di scarico, tubo flessibile per l'acqua, tappetino da esterno, ecc.

- **Il kit di cucina**: comprende gli strumenti necessari per preparare e consumare i pasti a bordo del camper. Tra questi ci sono: fornello a gas o elettrico, frigorifero o borsa frigo, pentole, padelle, piatti, bicchieri, posate, tazze, tappi, cavatappi, apriscatole, coltelli da cucina, tagliere, scolapasta, insalatiera, mestoli, cucchiai di legno, presine, strofinacci, spugne e detersivi per i piatti, sacchetti per la spazzatura, ecc.

- **Il kit di igiene**: comprende gli strumenti necessari per la cura personale e la pulizia del camper. Tra questi ci sono: doccia esterna o interna a 12v o solare, bagno portatile o chimico o a cassetta, carta igienica biodegradabile o specifica per il camper, asciugamani e accappatoi, sapone liquido o solido, shampoo e balsamo, spazzolino e dentifricio, deodorante e profumo, rasoi e schiuma da barba o crema depilatoria, forbici e pinzette per le sopracciglia, cotton fioc e dischetti di cotone per il trucco o lo strucco, pettini e spazzole per i capelli, asciugacapelli o piastra, creme solari e doposole, creme idratanti e lenitive per il corpo e il viso, trousse per il trucco e per la rasatura, ecc.

- **Il kit di abbigliamento:** comprende gli indumenti necessari per affrontare le diverse condizioni climatiche e le diverse attività che faremo durante il viaggio. Tra questi ci sono: felpe e maglioni, k-way, giacca a vento e piumino leggero, pantaloncini corti, jeans e pantaloni lunghi, top e t-shirt a sufficienza, sciarpe leggere, cinture, costume da bagno, pigiama, intimo (calze, slip, canotte), infradito e ciabatte per il mare o la doccia, scarpe da ginnastica, scarpe da trekking o da montagna se si prevedono escursioni.

- **Il kit di svago**: comprende gli strumenti necessari per divertirsi e rilassarsi durante il viaggio. Tra questi ci sono: libri, riviste, fumetti, giochi da tavolo o di carte, puzzle o enigmi, videogiochi portatili o console, tablet o laptop, smartphone o fotocamera digitale, cuffie o altoparlanti bluetooth, caricabatterie e power bank, binocolo o cannocchiale per l'osservazione della natura o delle stelle.

I costi dei vari kit dipendono dalla qualità e dalla quantità degli oggetti che scegliamo di portare con noi. Possiamo risparmiare acquistando gli oggetti usati o in offerta oppure riciclando quelli che abbiamo già in casa. Possiamo anche condividere alcuni oggetti con i nostri compagni di viaggio o con altri camperisti che incontriamo lungo il cammino. In generale possiamo stimare un costo medio di:

- Kit di emergenza: 100-200 euro
- Kit di campeggio: 200-400 euro
- Kit di cucina: 100-200 euro
- Kit di igiene: 50-100 euro
- Kit di abbigliamento: 200-300 euro
- Kit di svago: 100-200 euro

Il costo totale dei vari kit può variare tra i 750 e i 1400 euro circa.

Capitolo 11

Camperizzare con AI

In questo capitolo vedremo come realizzare i vari progetti di camperizzazione con l'aiuto dell'intelligenza artificiale (AI), ovvero con l'uso di software, applicazioni e dispositivi che sfruttano le capacità di apprendimento e di elaborazione dei dati delle macchine. L'AI può essere un valido alleato per camperizzare il nostro furgone in modo facile, veloce e personalizzato, offrendoci soluzioni su misura per le nostre esigenze e i nostri gusti. Vedremo quali sono i principali tool che possiamo utilizzare per le diverse fasi della camperizzazione e come sfruttarli al meglio.

Progettare l'allestimento con AI

La prima fase della camperizzazione è la progettazione dell'allestimento interno del furgone, ovvero la definizione di layout, funzionalità, stile e sicurezza. Per fare questo possiamo avvalerci di alcuni software e applicazioni che ci permettono di creare dei modelli 3D del nostro furgone e di visualizzare in anteprima come sarà il risultato finale. Alcuni esempi di questi tool sono:

- **SketchUp**: è un software di modellazione 3D molto intuitivo e versatile, che ci permette di disegnare il nostro furgone e di arredarlo con mobili e accessori predefiniti o personalizzati. Possiamo anche importare dei modelli 3D già esistenti da una libreria online o da altri utenti. SketchUp ci offre anche la possibilità di creare dei rendering fotorealistici del nostro progetto e di condividerlo con altri utenti o con professionisti del settore.
- **Floorplanner**: è un'applicazione online che ci permette di creare dei piani 2D e 3D del nostro furgone e di arredarlo con una vasta gamma di oggetti e materiali.
  Possiamo anche aggiungere delle annotazioni e delle misure al nostro progetto e stamparlo o esportarlo in vari formati. Floorplanner ci offre anche la possibilità di visualizzare il nostro progetto in realtà aumentata o virtuale, per avere una visione più realistica e immersiva.

- **VanLab:** è un'applicazione online che ci permette di creare dei kit prefabbricati per camperizzare il nostro furgone. Possiamo scegliere tra diversi modelli di furgoni e diversi tipi di allestimenti, oppure personalizzare il nostro kit con le dimensioni, i colori e i materiali che preferiamo. VanLab ci offre anche la possibilità di ordinare il nostro kit online e riceverlo a casa con tutte le istruzioni per il montaggio.

Installare gli impianti con AI

La seconda fase della camperizzazione è l'installazione degli impianti necessari per il funzionamento del camper, ovvero gli impianti elettrico, idraulico, gas e riscaldamento. Per fare questo possiamo avvalerci di alcuni dispositivi e applicazioni che ci permettono di gestire in modo intelligente ed efficiente le risorse energetiche e idriche del nostro camper. Alcuni esempi di questi tool sono:

- **Smart Battery**: è un dispositivo che si collega alla batteria del nostro camper e che ci permette di monitorare lo stato di carica, la tensione, la corrente, la temperatura e la capacità della batteria tramite un'applicazione sul nostro smartphone. Possiamo anche impostare degli allarmi per avvisarci quando la batteria è troppo scarica o troppo calda e attivare o disattivare dei dispositivi collegati alla batteria tramite l'applicazione.
- **Smart Water**: è un dispositivo che si collega al serbatoio dell'acqua del nostro camper e che ci permette di monitorare il livello dell'acqua, la pressione, il flusso e la qualità dell'acqua tramite un'applicazione sul nostro smartphone. Possiamo anche impostare degli allarmi per avvisarci quando l'acqua è troppo bassa o troppo sporca e attivare o disattivare dei dispositivi collegati al serbatoio tramite l'applicazione.

- **Smart Gas**: è un dispositivo che si collega alla bombola del gas del nostro camper e che ci permette di monitorare il livello del gas, la pressione, il consumo e la scadenza della bombola tramite un'applicazione sul nostro smartphone. Possiamo anche impostare degli allarmi per avvisarci quando il gas è troppo basso o scaduto e attivare o disattivare dei dispositivi collegati alla bombola tramite l'applicazione.

- **Smart Heater**: è un dispositivo che si collega al riscaldatore del nostro camper e che ci permette di controllare la temperatura, la modalità, la programmazione e lo stato del riscaldatore tramite un'applicazione sul nostro smartphone. Possiamo anche impostare degli scenari per attivare o disattivare il riscaldatore in base a determinate condizioni o eventi.

Arredare il furgone con AI

La terza fase della camperizzazione è l'arredamento del furgone, ovvero la scelta e l'installazione di pavimento, pareti, tetto, mobili e accessori. Per fare questo possiamo avvalerci di alcuni software e applicazioni che ci permettono di creare dei design personalizzati e originali per il nostro furgone. Alcuni esempi di questi tool sono:

- **Canva**: è un software online che ci permette di creare delle grafiche professionali per il nostro furgone. Possiamo scegliere tra diversi modelli predefiniti o crearne uno da zero, aggiungendo immagini, testi, icone, forme e colori. Possiamo anche applicare dei filtri, degli effetti e delle trasformazioni alle nostre grafiche e stamparle o esportarle in vari formati.

- Cricut: è un dispositivo che ci permette di tagliare diversi materiali con precisione e facilità. Possiamo usare Cricut per creare delle decorazioni per il nostro furgone, come adesivi, stencil, lettere, fiori, ecc. Possiamo scegliere tra diversi modelli predefiniti o crearne uno da zero tramite un software online. Possiamo anche collegare Cricut al nostro smartphone o tablet e controllarlo tramite un'applicazione.

- **Ikea Home Planner**: è un'applicazione online che ci permette di progettare e arredare il nostro furgone con i prodotti Ikea. Possiamo scegliere tra diversi modelli di furgoni e personalizzarli con le dimensioni, i colori e le finiture che preferiamo. Possiamo poi aggiungere i mobili e gli accessori Ikea che vogliamo, modificandone le dimensioni, i colori o la posizione. Possiamo anche visualizzare il nostro progetto in 3D e calcolare il costo totale dei prodotti Ikea.

Personalizzare il furgone con AI

La quarta fase della camperizzazione è la personalizzazione del furgone, ovvero la scelta e l'installazione di decorazione, illuminazione, tende e gadget. Per fare questo possiamo avvalerci di alcuni software e applicazioni che ci permettono di creare dei contenuti originali e divertenti per il nostro furgone. Alcuni esempi di questi tool sono:

- **GPT-3:** è un software basato sull'intelligenza artificiale che ci permette di generare dei testi in base a delle parole chiave o a delle domande che gli forniamo. Possiamo usare GPT-3 per creare dei nomignoli per il nostro furgone, delle frasi motivazionali o divertenti da stampare sulle pareti o sulle tazze del camper, delle storie da raccontare intorno al fuoco o dei consigli da seguire durante il viaggio.

- **OpenAI Jukebox**: è un software basato sull'intelligenza artificiale che ci permette di generare delle canzoni in base a dei generi musicali o a dei cantanti che gli forniamo. Possiamo usare OpenAI Juke box per creare delle playlist personalizzate per il nostro viaggio, scegliendo tra diversi generi musicali o cantanti che ci piacciono. Possiamo anche inserire delle parole chiave o delle frasi per generare delle canzoni originali e divertenti.

- **DeepArt:** è un software online che ci permette di creare delle opere d'arte a partire dalle nostre foto. Possiamo scegliere tra diversi stili artistici o caricare una nostra immagine di riferimento e trasformare le nostre foto in quadri, disegni, fumetti, ecc. Possiamo poi stampare le nostre opere d'arte e usarle per decorare il nostro furgone.

Equipaggiare il furgone con AI

La quinta fase della camperizzazione è l'equipaggiamento del furgone, ovvero la scelta e l'installazione di cucina, bagno, letto, armadi e stoccaggio. Per fare questo possiamo avvalerci di alcuni software e applicazioni che ci permettono di ottimizzare lo spazio e la funzionalità del nostro furgone. Alcuni esempi di questi tool sono:

- **Smart Fridge:** è un dispositivo che si collega al frigorifero del nostro camper e che ci permette di monitorare il contenuto, la temperatura, la scadenza e il consumo degli alimenti tramite un'applicazione sul nostro smartphone. Possiamo anche impostare degli allarmi per avvisarci quando gli alimenti sono troppo scarsi o scaduti e ricevere dei suggerimenti per le ricette da preparare con gli ingredienti disponibili.

- **Smart Toilet:** è un dispositivo che si collega al bagno portatile o chimico del nostro camper e che ci permette di monitorare il livello dei liquidi, la pulizia, l'igiene e la manutenzione del bagno tramite un'applicazione sul nostro smartphone. Possiamo anche impostare degli allarmi per avvisarci quando il bagno è troppo pieno o sporco e attivare o disattivare dei dispositivi collegati al bagno tramite l'applicazione.

- **Smart Bed**: è un dispositivo che si collega al letto del nostro camper e che ci permette di controllare la temperatura, la morbidezza, la posizione e lo stato del letto tramite un'applicazione sul nostro smartphone. Possiamo anche impostare degli scenari per attivare o disattivare il letto in base a determinate condizioni o eventi.

- **Smart Storage**: è un dispositivo che si collega agli armadi e ai cassetti del nostro camper e che ci permette di monitorare il contenuto, l'ordine, la sicurezza e l'accessibilità degli oggetti tramite un'applicazione sul nostro smartphone. Possiamo anche impostare degli allarmi per avvisarci quando gli oggetti sono troppo sparsi o mancanti e attivare o disattivare dei dispositivi collegati agli armadi e ai cassetti tramite l'applicazione.

Viaggiare con il furgone e AI

La sesta fase della camperizzazione è il viaggio con il furgone, ovvero la scelta e la pianificazione delle destinazioni, delle tappe, delle attività e delle esperienze da fare con il nostro furgone. Per fare questo possiamo avvalerci di alcuni software e applicazioni che ci permettono di scoprire i luoghi più belli e interessanti da visitare con il nostro furgone. Alcuni esempi di questi tool sono:

- **Google Maps**: è un software online che ci permette di visualizzare le mappe di tutto il mondo e di trovare le indicazioni stradali per raggiungere le nostre destinazioni. Possiamo anche cercare i luoghi di interesse, i servizi, i parcheggi, le aree di sosta e i campeggi più vicini al nostro furgone. Possiamo anche salvare le nostre mappe personalizzate e condividerle con altri utenti o con professionisti del settore.

- **Park4night:** è un'applicazione online che ci permette di trovare i migliori posti dove dormire con il nostro furgone. Possiamo scegliere tra diverse categorie di posti, come aree di sosta, campeggi, parcheggi, aree naturali, agriturismi, ecc. Per ogni posto vengono fornite indicazioni dettagliate sulla località, i servizi, i prezzi e le recensioni di altri utenti. Possiamo anche aggiungere i nostri posti preferiti e condividerli con la comunità di camperisti.

- **Camperstop:** è un'applicazione online che ci permette di trovare oltre 12.000 aree di sosta per camper in Europa verificate da una guida cartacea omonima. Possiamo cercare le aree di sosta per paese, regione o località e filtrarle per servizi, tipologie, prezzi e valutazioni. Per ogni area vengono fornite indicazioni dettagliate sulla località, i servizi, i prezzi e le foto. Possiamo anche salvare le nostre aree preferite e scaricare le mappe offline.

Scoprire i luoghi con AI

La settima fase della camperizzazione è la scoperta dei luoghi che visitiamo con il nostro furgone, ovvero la ricerca e la fruizione delle attrazioni, delle curiosità, delle storie e delle esperienze che caratterizzano i luoghi che attraversiamo. Per fare questo possiamo avvalerci di alcuni software e applicazioni che ci permettono di arricchire la nostra conoscenza e il nostro divertimento con il nostro furgone. Alcuni esempi di questi tool sono:

- **Google Lens:** è un software online che ci permette di identificare e ottenere informazioni su qualsiasi cosa puntando la fotocamera del nostro smartphone o tablet. Possiamo usare Google Lens per riconoscere piante, animali, monumenti, opere d'arte, prodotti, codici a barre, testi e molto altro. Possiamo anche tradurre testi in altre lingue, copiare testi da immagini o documenti, risolvere problemi matematici o trovare oggetti simili a quelli che vediamo.

- **TripAdvisor**: è un'applicazione online che ci permette di trovare le migliori attrazioni, attività, ristoranti, hotel e offerte nei luoghi che visitiamo con il nostro furgone. Possiamo cercare le cose da fare per categoria, prezzo, distanza o valutazione e leggere le recensioni e le opinioni di altri viaggiatori. Possiamo anche prenotare online le nostre esperienze e confrontare i prezzi tra diverse opzioni.

- **Geocaching**: è un'applicazione online che ci permette di partecipare a una caccia al tesoro globale con il nostro furgone. Possiamo cercare tra milioni di cache nascoste in tutto il mondo e seguire le indicazioni per trovarle. Possiamo anche registrare le nostre scoperte e condividerle con altri geocacher. Possiamo anche nascondere le nostre cache e sfidare altri a trovarle.

Vediamo ora in breve il costo dei dispositivi che abbiamo citato per la camperizzazione con AI. Ovviamente i prezzi possono variare a seconda dei modelli, delle marche e delle offerte disponibili sul mercato. Questi sono solo dei valori indicativi basati su una ricerca online.

- **SketchUp**: il software è gratuito per uso personale, ma richiede una licenza a pagamento per uso professionale. Il prezzo varia da 119 a 699 euro all'anno a seconda del piano scelto.

- **Floorplanner:** l'applicazione è gratuita per un solo progetto, ma richiede un abbonamento a pagamento per progetti illimitati. Il prezzo varia da 4,99 a 14,99 euro al mese a seconda del piano scelto.

- **VanLab:** l'applicazione è gratuita per la progettazione del kit, ma richiede il pagamento del kit stesso per ordinarlo online. Il prezzo varia da 1.500 a 5.000 euro a seconda del modello di furgone e del tipo di allestimento scelti.

- **Smart Battery**: il dispositivo costa circa 100 euro e si collega alla batteria tramite dei cavi. L'applicazione è gratuita e si scarica sullo smartphone o sul tablet.

- **Smart Water**: il dispositivo costa circa 80 euro e si collega al serbatoio tramite dei sensori. L'applicazione è gratuita e si scarica sullo smartphone o sul tablet.

- **Smart Gas:** il dispositivo costa circa 60 euro e si collega alla bombola tramite un adattatore. L'applicazione è gratuita e si scarica sullo smartphone o sul tablet.
- **Smart Heater**: il dispositivo costa circa 150 euro e si collega al riscaldatore tramite un cavo. L'applicazione è gratuita e si scarica sullo smartphone o sul tablet.

- **Canva**: il software è gratuito per uso personale, ma richiede un abbonamento a pagamento per uso professionale. Il prezzo varia da 8,99 a 27,99 euro al mese a seconda del piano scelto.

- **Cricut**: il dispositivo costa circa 200 euro e si collega al computer tramite un cavo USB. Il software è gratuito e si scarica sul computer o sull'applicazione mobile.

- **Ikea Home Planner:** l'applicazione è gratuita e si usa online dal sito web di Ikea. I prodotti Ikea vanno poi acquistati separatamente dal catalogo online o nei negozi fisici.

- **GPT-3**: il software è basato sull'intelligenza artificiale di OpenAI e richiede una chiave di accesso per usarlo. Il prezzo varia in base all'uso che se ne fa e al numero di token generati dal software.

- **OpenAI Jukebox:** il software è basato sull'intelligenza artificiale di OpenAI e richiede una chiave di accesso per usarlo. Il prezzo varia in base all'uso che se ne fa e al numero di token generati dal software.

- **DeepArt:** il software è gratuito per la creazione di opere d'arte, ma richiede un pagamento per la stampa o l'esportazione delle opere in alta qualità. Il prezzo varia da 1,99 a 9,99 euro a seconda della dimensione e della risoluzione delle opere scelte.

- **Google Maps**: il software è gratuito e si usa online dal sito web o dall'applicazione mobile di Google Maps. Alcune funzioni avanzate possono richiedere un abbonamento a pagamento a Google One o Google Workspace.

- **Park4night:** l'applicazione è gratuita per la ricerca di posti dove dormire con il furgone, ma richiede un abbonamento a pagamento per accedere alle mappe offline e ad altre funzioni extra. Il prezzo varia da 9,99 a 29,99 euro all'anno a seconda del piano scelto.

- **Camperstop** è un sito web che offre informazioni su oltre 12.500 aree di sosta per camper in 30 paesi europei. Puoi cercare le aree di sosta sulla mappa, filtrarle in base alle tue preferenze e creare il tuo itinerario di viaggio. Puoi anche acquistare una guida per camper o scaricare l'app Camperstop per avere accesso alle informazioni anche offline. Il costo della guida per camper è di 29,95 euro e il costo dell'app Camperstop è di 5,99 euro all'anno.

- **Geocaching** è un gioco all'aria aperta che consiste nel cercare dei contenitori nascosti (geocache) usando un dispositivo GPS o un'app per smartphone. Puoi registrarti gratuitamente sul sito web di Geocaching o sull'app e scegliere tra milioni di geocache in tutto il mondo. Puoi anche creare le tue geocache e condividere le tue esperienze con la comunità di geocacher. Se vuoi avere accesso a funzioni avanzate, come le mappe offline, le liste personalizzate e le statistiche premium, puoi abbonarti a Geocaching Premium, che costa 9,99 euro al mese o 29,99 euro all'anno.

CONCLUSIONI

In questo manuale abbiamo visto come trasformare un furgone in un camper super accessoriato, scoprendo come scegliere il furgone giusto in base alle nostre esigenze e al nostro budget, come progettare l'allestimento interno tenendo conto di layout, funzionalità, stile e sicurezza, come preparare il furgone per accogliere gli impianti elettrico, idraulico, gas e riscaldamento, come arredare il furgone con pavimento, pareti, tetto, mobili e accessori, come personalizzarlo con decorazione, illuminazione, tende e gadget e come equipaggiarlo con cucina, bagno, letto, armadi e stoccaggio.

L' importanza di testare il furgone per ottenere la revisione, l'omologazione, l'assicurazione e il collaudo del camper.

SI scoprono nuove destinazioni e si fanno esperienze uniche viaggiando con il furgone seguendo alcuni consigli e piccole regole dettate dal buon senso e per la prevenzione di guai.

Speriamo che questo manuale vi sia stato utile e vi abbia ispirato a realizzare il vostro sogno di camperizzare un furgone. Questa trasformazione è un progetto entusiasmante e creativo che richiede molta pazienza, dedizione e passione.

Il risultato finale sarà sicuramente una grande soddisfazione personale e una fonte di libertà e avventura per i vostri viaggi futuri. Buona camperizzazione e buon viaggio!

Crafty Ink **Manolo**

www.ingramcontent.com/pod-product-compliance
Lightning Source LLC
Chambersburg PA
CBHW050654250726
48662CB00002B/672